楠目　聖 著
亀山大樹 著

最初からそう教えて
くれればいいのに！

デジタル

関係法のツボとコツが

ゼッタイにわかる本

秀和システム

はじめに

　本書は、デジタル化に関係する幅広い法律を概観できる入門書として企画・執筆されたものです。

　みなさんが「デジタル化」と聞いて思い浮かべることは、どんなことでしょうか？

　例えば、「紙で郵送していた文書を、電子メールで送る」ことや、「インターネットで商品を注文して、○○ペイなどのアプリを使って支払う」ことなどでしょうか？あるいは、「通勤時などに、スマホでマンガやドラマを楽しむ」ことや、「AIを利用した顔認証や自動運転の技術が実用化される」といったことを思い浮かべる方もいらっしゃるかもしれません。

　これらは、比較的多くのみなさんが経験されていることではないかと思いますが、「紙で保存していた文書を、フロッピーディスクに記録する」ことが典型事例だった時代には想像もできなかったことかもしれません。IoT、ビッグデータ、生成AI、5Gなど、近年のデジタル技術の進展は更に加速化しています。

　そして、デジタル技術の進展に伴い、生活の様々な場面でデジタル化が進んできたことに対応して、法律などで定められるルールも変化してきています。

　最近では、役所の窓口で書面を提出しなければならなかった手続がインターネットを通じてスマホからできるようになったり、手数料などの支払いがキャッシュレスでできるようになったりしていますが、これらの背後では、根拠となる法律などで定められるルールがデジタル化に対応したものへと改正されています。

　また、デジタル技術の進展によって、新しいビジネスやサービスが生み出されると、それに対応した新しいルールが必要になることもあります。インターネットが日常生活に浸透する一方で、セキュリティや権利侵害などの新たな課題への対策も必要となってきます。こうした社会のデジタル化に対応するための法律も数多く整備されてきています。

　さらに、インターネットが日常生活に不可欠なツールになってくると、電気・ガス・水道などと同様の社会インフラとしての認識も高まり、情報通信ネットワークのインフラやサービスを確保するための法的な仕組みも必要となります。このほか、デジタル化を、国の政策として推進するための基本法なども制定されています。

　以上のように、一口にデジタル化に関する法律と言っても、行政手続のオンライン

化や電子契約等への対応、サイバーセキュリティや権利侵害などに関する対策や、ネットワークインフラの確保など、幅広い分野で様々な法律が定められています。

　そして近年、コロナ禍を契機として、社会のデジタル化が急速に進む中で、デジタル化に関する法制度もさらに大きく変化してきています。あらゆる人々が何らかの形でデジタル化に関係している現在の状況においては、こうしたデジタル化に関する幅広い分野の様々な法律について、全体像を簡単に概観できるような情報があれば、多くの方々のニーズに応えられるものではないかと思います。

　このような観点から、本書は、デジタル化に関係する幅広い法律を概観できる内容としており、IT関係に限らず様々な業種の企業でデジタル化の対応に当たっている総務・法務・システム部門の方や、手続や業務のデジタル化が急務の地方自治体の関係者の方など、幅広い皆様に参考としていただけるものと考えています。デジタル化に関する法律の全体像を概観するという性質上、各法律の説明はポイントを絞ったものとなっていますが、より深い理解や検討を行うための基本的事項として参考としていただけるものと思います。なお、それぞれ関心の異なる幅広い皆様の利用に役立つように、概観的に全体を網羅するとともに、各章・各節はそれぞれ独立した作りとして、どこからでも読み進めていただけるようにしています。

　様々な形でデジタル化に関わっている皆様に、その背景にあるルールや制度を知っていただき、さらに深い理解や検討に進んでいただくための入門書として、本書をご活用いただければ幸いです。

　なお、本書における記載内容は、各著者の個人的な見解であり、所属する組織の見解等を示すものではありません。

著者を代表して、楠目聖

本書で使用する用語のポイント

● 本書で扱う「法令」について

本書では、デジタル化に関する様々な法制度を紹介しています。これらの制度は、法律や法律に基づく政令・省令等で定められています。

本書で、「法令」という場合は、国会の定める法律、内閣の定める政令、各省庁の定める省令等を含む語として用いています。(地方自治体が定める条例や規則は含みませんので留意してください。)

なお、法令の序列 (優劣関係) としては、法律＞政令＞省令等、となります。

● 法律の略称について

本書では、法律の略称を用いている場合があります。原則として、各章の初出の箇所では、法律の正式名称をカッコ書きで記載していますが、2 回目以降は略称のみを用いています。

主な法律の略称 (と正式名称) には、以下のようなものがあります。

- ・ デジタル手続法 (情報通信技術を活用した行政の推進等に関する法律)
- ・ 公的個人認証法 (電子署名等に係る地方公共団体情報システム機構の認証業務に関する法律)
- ・ キャッシュレス法 (情報通信技術を利用する方法による国の歳入等の納付に関する法律)
- ・ e-文書法 (民間事業者等が行う書面の保存等における情報通信の技術の利用に関する法律)
- ・ 電子署名法 (電子署名及び認証業務に関する法律)
- ・ マイナンバー法 (行政手続における特定の個人を識別するための番号の利用等に関する法律)

● 条文の引用方法について

本書では、デジタルに関する様々な法令について、実際の条文をできるだけ紹介するようにしていますが、条文を引用する際には、関係の条項のみを抜粋しています。条文全体の内容については、必要に応じて、e-Gov 法令検索のウェブサイトなどで確認してください。

なお、条文を引用する際には、法律の正式名称がわかるように記載しています。

最初からそう教えてくれればいいのに！

デジタル関係法のツボと
コツがゼッタイにわかる本

Contents

第2章　民間での取引や手続に関する法制度

第3章　データの保護・利活用に関する法制度

第4章　ネットワークインフラとセキュリティに関する法制度

序章　デジタル化に関する法制度の全体像

デジタル化に関係する法律には、どんなものがあるの？

デジタル化に関係する法律って、いろんな種類がありそうだね

デジタル化を阻害する規制を見直すものや、デジタル化に対応した新たなルールを整備するものなどがあるよ

デジタル化に関する法律の全体像

デジタル化に関する法律と一口に言っても、行政手続のオンライン化や民民間の取引における電子契約等への対応、デジタル化の基盤となるネットワークの整備やサイバーセキュリティの確保など、幅広く様々な種類の法律があります。

このようなデジタル化に関する多様な法律を整理する切り口には、様々なものがあると思いますが、まずは以下のような3つの種類のものがあるということを念頭に置くと、全体像の把握がしやすいかと思います。

①デジタル化を阻害する規制を緩和する法律
②デジタル化の進展に対応した新たなルール等を定める法律
③デジタル化を促進するための基盤を整備する法律

デジタル化を阻害する規制を緩和する法律

①のデジタル化を阻害する規制を緩和する法律としては、行政手続や民民間の手続について、書面や対面で行うことを定めている規制を緩和するような法律が挙げられます。書面・対面規制などをデジタル化するための法律のグループと捉えてもらえればよいかと思います。

このうち、行政手続のデジタル化に関するものとしては、書面・対面での手続

をデジタル化するための**通則法**である**デジタル手続法**（情報通信技術を活用した行政の推進等に関する法律）や、オンラインでの手続の際の本人確認の制度を定める**公的個人認証法**（電子署名等に係る地方公共団体情報システム機構の認証業務に関する法律）、現金でのやり取りをキャッシュレス化するための**キャッシュレス法**（情報通信技術を利用する方法による国の歳入等の納付に関する法律）、**公金受取口座登録法**（公的給付の支給等の迅速かつ確実な実施のための預貯金口座の登録等に関する法律）などがあります。公的個人認証法や公金受取口座登録法は、デジタル化に対応した新たな法制度を整備するものと捉えることもできますが、書面・対面規制を緩和するために必要不可欠なものですので、ここで合わせて紹介します。

　一方、民民間の手続のデジタル化に関しては、民間事業者等に文書の保存を義務付ける規制について、デジタル化したデータでの保存を可能とする**e-文書法**（民間事業者等が行う書面の保存等における情報通信の技術の利用に関する法律）が通則法として定められています。ですが、文書の保存以外のアナログ的な規制については、それぞれの法律に置かれている民間事業者等に対する規制をそれぞれ改正するという形でデジタル化への対応が図られています。このような個別の法律の改正については、複数の法律の改正をまとめて行う場合（一括的な法改正）もあります。

> 行政手続のデジタル化に関する主な法律
> ・デジタル手続法（2019年）
> ・公的個人認証法（2002年）
> ・公金受取口座登録法（2021年）
> ・行政キャッシュレス化法（2022年）
>
> 民民間の手続のデジタル化に関する主な法律・一括的な法改正
> ・e-文書法（通則法）（2004年）
> ・IT書面一括法（2000年）　※49法律の一括改正
> ・e-文書法整備法（2004年）　※73法律の一括改正
> ・デジタル社会形成整備法（2021年）　※48法律の一括改正
> ・デジタル規制改革推進一括法（2023年）　※62法律の一括改正

本書では、行政手続のデジタル化に関する法律は第1章で、民民間の手続のデジタル化に関する法律は第2章の中で紹介することとしています。

デジタル化に対応した新たなルールや基盤整備のための法律

①の法律のグループは、デジタル化にそぐわない法律の規制を変えていくというものでしたが、②③のグループは、デジタル化を踏まえて新たに法制度を整備していくというタイプのものです。

②の**デジタル化の進展に対応した新たなルール等を定める法律**としては、まず、電子契約に関する制度的な基盤を整えるものとして、**電子署名法**（電子署名及び認証業務に関する法律）や**電子記録債権法**、**電子委任状法**（電子委任状の普及の促進に関する法律）などが制定されています。また、デジタル化の進展を踏まえた、データの保護や利活用に関する新たなルールについて、**個人情報保護法**（個人情報の保護に関する法律）や**官民データ活用推進基本法**などで整備されています。

このほか、サイバーセキュリティに関しては、**サイバーセキュリティ基本法**、**不正アクセス禁止法**や、コンピュータ犯罪に関する刑法の改正などで対応が図られています。

電子契約等に関する主な法律
・電子署名法（2000年）
・電子債権記録法（2007年）
・電子委任状法（2017年）

データの保護や利活用に関する主な法律
・個人情報保護法（2021年改正法）
・官民データ活用推進基本法（2016年）

サイバーセキュリティに関する主な法律
・サイバーセキュリティ基本法（2014年）
・不正アクセス禁止法（1999年）
・刑法改正（不正指令電磁的記録に関する罪等の創設）（2011年）

③のデジタル化を促進するための基盤を整備する法律としては、デジタル化に関する政策を推進するための基本法や、デジタル化の前提となるネットワークインフラや情報システムなどハード面での基盤整備に関する法律が挙げられます。

社会全体のデジタル化に関する政策を推進するための基本法としては、**デジタル社会形成基本法**が定められています。また、ネットワークインフラの整備に関する仕組みは、**電気通信事業法**などで定められているほか、特に行政機関の情報システムの整備に関しては、**デジタル手続法**や**自治体システム標準化法**（地方公共団体情報システムの標準化に関する法律）などで定められています。

デジタル化に関する政策推進のための主な法律
・デジタル社会形成基本法（2021年）

ネットワークインフラや情報システムの整備に関する主な法律
・電気通信事業法（2000年）
・デジタル手続法（2019年）
・自治体システム標準化法（2021年）

本書では、電子契約などに関する法律は第2章で、データの保護や利活用に関する法律は第3章で紹介することとしています。また、ネットワークインフラとサイバーセキュリティに関する法律は第4章で、行政機関の情報システム整備に関する法律は、行政手続の基盤整備という観点から第1章の中で紹介しています。そして最後に、デジタル化の政策推進のための法的枠組みについて、第5章で紹介することとしています。

用語の解説

通則法：他の法律が適用される分野を含め、一般原則として適用される、基本的・共通的な事項を定める法律のこと。デジタル手続法は、行政手続のデジタル化に関する通則法となっている。

どのようにデジタル化に対応する法律の整備が進んできたの？

デジタル化に対応する法律って、コロナ禍に対応するために作られるようになったのかな？

コロナ禍でデジタル化が加速化されたけど、IT革命と言われた2000年前後から、段階的に法整備が進められてきているよ

IT革命（2000年前後）の時期の法整備

　デジタル化に関する法制度は、インターネットが急速に普及し、社会が大きく変化して**IT革命**と呼ばれた2000年前後に大幅に整備されました。（「IT革命」は、2000年の新語・流行語大賞を受賞しています。）

　まず、2000年には、高度情報通信ネットワーク社会の形成に関する政策を推進するため、**IT基本法**（高度情報通信ネットワーク社会形成基本法）が制定されました。IT基本法は、デジタル社会形成基本法の前身となる法律で、デジタル社会（当時は「高度情報通信社会」と言っていました。）の形成に向けた政策の基本理念等を定めた最初の法律です。その後、IT基本法による政策推進の枠組みの下で策定された、2001年の「e-Japan戦略」では、5年以内に世界最先端のIT国家を目指すことが掲げられ、デジタル関係法律の整備も含め、様々なIT戦略が展開されることとなりました

　関係法律の整備としては、2002年に、行政手続のオンライン化を実現するための、**行政手続オンライン化法**（行政手続等における情報通信の技術の利用に関する法律）、**公的個人認証法**が制定されました。行政手続オンライン化法は、その後改正されて、現在はデジタル手続法となっています。また、2004年には、民間事業者等の文書の保存に関してペーパーレス化を推進するための、**e-文書法**が制定されました。なお、税務関係の書類に関しては、これに先立って、1998年に**電子帳**

簿保存法が制定されています。

　民間の取引に関するものとしては、電子契約の普及に伴い、2000年に、電子契約での押印に当たる電子署名の法的な効力などを定める**電子署名法**が制定されました。また、2001年には、**電子消費者契約法**（電子消費者契約に関する民法の特例に関する法律）も制定されています。

　このほか、データの保護等に関しては、1999年に**不正アクセス禁止法**が、2003年に**個人情報保護法**が制定されています。

2000年前後に整備されたデジタル化関係の主な法律
- 電子帳簿保存法（1998年）
- 不正アクセス禁止法（1999年）
- IT基本法（2000年）
- 電子署名法（2000年）
- 電子消費者契約法（2001年）
- 行政手続オンライン化法（2002年）
- 公的個人認証法（2002年）
- 個人情報保護法（2003年）
- e-文書法（2004年）

セキュリティ確保、データ活用などへの対応（2010年代）

　その後、デジタル技術の進展や社会のデジタル化に伴って、膨大なデータの収集等が可能となり、2010年代には、**ビッグデータ**の活用という課題が広く認識されるようになりました。また、データの保護や利活用の重要性が高まってくるとともに、サイバー空間でのセキュリティ対策も重要な課題として認識されるようになりました。

　こうした状況等を背景に、2010年代には、サイバーセキュリティの確保やデータの利活用に関する法律の整備が進められました。

　まず、サイバーセキュリティについては、サイバーセキュリティの推進に関する基本理念や、国の責務等を定めた**サイバーセキュリティ基本法**が、2014年に制定されました。また、コンピュータウイルスの作成・提供やDDoS攻撃の処罰を可能とする内容を含む刑法改正が2011年に行われています。

さらに、データの利活用については、データの適正かつ効果的な活用の推進に関し、基本理念や、国の責務等を定めた**官民データ活用推進基本法**が、2016年に制定されました。このほか、2015年の個人情報保護法の改正では、個人情報を特定の個人を識別できないように加工した情報を匿名加工情報と新たに定義し、個人情報の適正な流通のための環境の整備が図られました。これらの法整備は、データの保護とのバランスを取りながら活用を促進することを目的としたものです。

2010年代に整備されたセキュリティ確保・データ活用に関する主な法律
・刑法改正 (不正指令電磁的記録に関する罪等の創設) (2011年)
・サイバーセキュリティ基本法 (2014年)
・個人情報保護法改正 (匿名加工情報制度の創設) (2015年)
・官民データ活用推進基本法 (2016年)

コロナ禍でのDXの進展を踏まえた近年の法整備 (2020年前後〜)

2020年前後以降においても、DXの進展やコロナ禍の中で、2000年頃に整備された法制度の見直しが行われるなど、加速化するデジタル化への対応が図られています。

2019年には、行政手続のデジタル化を更に推進するための法整備として、行政手続オンライン化法が、**デジタル手続法**へと改正されました。行政手続オンライン化法では、オンライン手続を可能とする一方で、あくまで紙での手続が原則でしたが、デジタル手続法では、オンライン手続が原則とされており、行政手続の在り方を大きく転換するものとなっています。

2021年には、**デジタル改革関連法**として、**デジタル社会形成基本法**、**デジタル庁設置法**、**公金受取口座登録法**、**自治体システム標準化法**などが新たに制定されました。このデジタル改革関連法では、**個人情報保護法**の改正も行われ、個人情報関係の三つの法律が改正後の個人情報保護法に一本化されるとともに、地方自治体の個人情報保護制度も含め、個人情報の取扱いについての全国的な共通ルールが定められています。

デジタル庁の設置後には、2022年に、デジタル庁初の法律 (提出法案) として、

キャッシュレス法が制定されたほか、2023年には、**デジタル規制改革推進一括法**としてデジタル社会形成基本法に「デジタル規制改革」を位置づける改正や、様々な法律で定められている書面掲示規制について、インターネットでの閲覧等を可能とするための一括改正などが行われています。

　以上、駆け足になってしまいましたが、ここ数年で、デジタル化に関する法律の整備が、大幅に進んでいることが見て取れるかと思います。

> 2020年前後から整備されたデジタル化関係の主な法律
> ・デジタル手続法（2019年）
> ・デジタル社会形成基本法（2021年）
> ・デジタル庁設置法（2021年）
> ・公金受取口座登録法（2021年）
> ・自治体システム標準化法（2021年）
> ・個人情報保護法（2021年改正法）
> ・キャッシュレス法（2022年）
> ・デジタル社会形成基本法等の改正（2023年）

第1章
行政手続のデジタル化に関する法制度

1 行政手続のデジタル化は、どんな法律の仕組みで定められているの？

行政手続のデジタル化って、公務員の仕事がデジタル化されることかな？

国民や事業者と行政機関との間での紙のやり取りなどがデジタル化されて、便利になることだよ

行政手続とは？

行政手続という言葉からは、どのような手続がイメージされるでしょうか？ 言葉自体からは、行政の内部での手続や行政が主体となって行う手続を思い浮かべる方もいらっしゃるのではないかと思いますが、「行政機関のデジタル化」という場合の「行政手続」は、国民や事業者から行政機関に対して行う申請・届出等や、行政機関から国民や事業者に対して行う通知・交付等を指して使われています。引っ越しをした時に市役所に転入届の提出を行ったり、県の窓口でパスポートを交付してもらう場面などをイメージしてもらえればわかりやすいかと思います。

行政手続のデジタル化について定める**デジタル手続法**（情報通信技術を活用した行政の推進等に関する法律）では、国民等から行政への手続を**申請等**、行政から国民等への手続を**処分通知等**としています。

このほかに、行政機関に文書を備え置いて希望者が閲覧できるようにする「縦覧」や、行政機関内部での文書の作成・保存を含めて、「行政手続等」という用語で表す場合もあります。例えば、デジタル手続法では、「手続等」について、「申請等、処分通知等、縦覧等又は作成等をいう」と定義しています。

以上のように、「行政手続」については、どこまでの範囲の手続が含まれているのかに注意が必要ですが、「行政機関のデジタル化」という場合には、手続に関わる国民等の利便性向上や行政運営の効率化を目的に行われていることを念頭に置きつつ、デジタル手続法の「手続等」に含まれるもの（申請等、処分通知等、縦覧等

又は作成等) をイメージしておくとよいと思います。

　なお、行政手続の数については、デジタル庁が公表している「行政手続等の棚卸結果」によると、国の法令等に基づく行政手続等は全体で約64,000種類となっていて、多種多様なものがあることがわかります。この中には、国の法令を根拠に地方自治体が実施している手続が含まれますが、地方自治体が条例等で独自に定めている手続もありますので、実際には更に多くの行政手続があることになります。

個別の法律で手続のデジタル化を定める方法

　先ほど、行政手続が6万種類以上あるということを紹介しましたが、これらの6万種類の手続に対応する数の法令の定めが存在していることとなります。その中には、デジタル技術の利用が想定されていなかった時代に制定された法律もあり、こうした法律の条文は、書面での手続を想定した規定ぶりとなっています。例えば、昭和23年に制定された証券取引法の規定を受け継いでいる金融商品取引法には、以下のような登録申請書の提出に関する条文が置かれています。

▼金融商品取引法

> （登録）
> 第29条　金融商品取引業は、内閣総理大臣の登録を受けた者でなければ、行うことができない。
>
> （登録の申請）
> 第29条の2　前条の登録を受けようとする者は、次に掲げる事項を記載した**登録申請書を内閣総理大臣に提出**しなければならない。
> 　一　商号、名称又は氏名
> 　二　法人であるときは、資本金の額又は出資の総額（…）
> 　三　…（以下略）

　この第29条の2には、「登録申請書を内閣総理大臣に提出」とありますので、「登録申請書」という書面で手続を行うことが定められています（書面規制）。このような条文がある場合に、書面ではなく、USBメモリなどの記録媒体やオンラインで申請を行うと、法律が求める要件（書面で行うという要件）を満たしていないこととなります。このため、デジタルでの手続を可能とするためには、書面での手続を定めている条文について、「書面に代えて、電磁的方法により行うことができる」といった規定を追加するなどの法改正を行うことが必要となります。

このように、手続のデジタル化のために、個別の法律にデジタル化の規定を置くことで、書面規制の見直しを行っているものとしては、以下のような例があります。

▼補助金等に係る予算の執行の適正化に関する法律

> （電磁的方法による提出）
> 第26条の3　この法律又はこの法律に基づく命令の規定による申請書等の提出については、当該申請書等が電磁的記録で作成されている場合には、**電磁的方法（電子情報処理組織を使用する方法その他の情報通信の技術を利用する方法であつて各省各庁の長が定めるものをいう。次項において同じ。）をもつて行うことができる。**
> 2　前項の規定により申請書等の提出が電磁的方法によつて行われたときは、当該申請書等の提出を受けるべき者の使用に係る電子計算機に備えられたファイルへの記録がされた時に当該提出を受けるべき者に到達したものとみなす。

なお、やや大雑把ではありますが、「**電磁的方法**」というのは、デジタル技術を利用する方法を表す法律用語で、「**電子情報処理組織を使用する方法**」は、情報システムを利用する方法を表す法律用語と、現時点では思っておいてもらえればと思います。

通則法で手続のデジタル化を定める方法

ここまでは、個別の法律にデジタル化の規定を置くことで、書面規制の見直しを行う方法について説明しましたが、6万種類以上ある行政手続を定める条文の一つ一つについて、このような改正を行うと膨大な作業と時間が必要となってしまいます。

このため、個別の法律を改正することなく手続のデジタル化をまとめて可能とする方法として、他の法律に通則的に適用される法律（**通則法**）を制定するという方法が採られています。具体的には、行政手続のデジタル化についての一般的な原則を定める通則法として、**デジタル手続法**が制定されています。

デジタル手続法の具体的な規定などは次節以降で紹介しますが、例えば、他の法律等で書面で行うことが定められている申請手続については、デジタル手続法第6条の規定に基づいて、その法令（書面で行うことを定めている他の法律等）を所管する各省庁の省令等（「主務省令」）で、オンライン手続が可能である旨を定めることができる、という仕組みになっています。各省庁の省令等でデジタル化の規定を置く必要はありますが、一つ一つの法律を改正することなく、省令等の改正のみで、各手続のデジタル化を進めることができることとなります。

▼デジタル手続法の適用のイメージ

デジタル手続法6条等に基づいて、主務省令で定めることで、
個別の法令（A法）の改正なく、手続のオンライン化が可能。

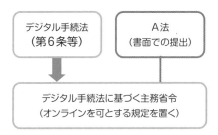

（参考）デジタル手続法

第6条　申請等のうち当該申請等に関する他の法令の規定において書面等により行うことその他のその方法が規定されているものについては、**当該法令の規定にかかわらず、主務省令で定めるところにより、主務省令で定める電子情報処理組織（略）を使用する方法により行うことができる。**

　なお、デジタル手続法は、国の法令を根拠とする手続についての通則法なので、国の法令を根拠に地方自治体が実施している手続についても適用があります。一方で、地方自治体が条例等で独自に定めている手続については適用がありませんので、各自治体の条例でデジタル化の対応を図ることとなります。

　通則的な法律でデジタル化を進めるという方法は、デジタルで手続を行う際の個人認証（公的個人認証法）や、手数料等の支払いのキャッシュレス化（キャッシュレス法）、紙での文書の保存のデジタル化（e-文書法）などについても採用されています。

　行政手続等のデジタル化に関する主な通則法としては、以下のようなものがあります。

　　・デジタル手続法（情報通信技術を活用した行政の推進等に関する法律）
　　・公的個人認証法（電子署名等に係る地方公共団体情報システム機構の認証
　　　業務に関する法律）
　　・キャッシュレス法（情報通信技術を利用する方法による国の歳入等の納付
　　　に関する法律）
　　・e-文書法（民間事業者等が行う書面の保存等における情報通信の技術の利
　　　用に関する法律）

ここまで述べたように、行政手続のデジタル化の方法としては、個別法の改正に加え、通則法を制定することで対応するという方法がありますので、各種の手続がデジタル化されているかなどを確認する際には、当該法律の条文などに加えて、上記のような通則法の適用によってデジタル化がされていないかについても留意する必要があります。

デジタル手続法で対象となる「行政手続」には、どんなものがあるの？

デジタル手続法では、どんな手続がデジタル化されているんだろう？

国民等と行政機関の間での申請・通知などのほか、行政機関が行う書面の作成などもデジタル化の対象とされているよ

国民・事業者等から行政機関への「申請等」

デジタル手続法は、行政手続のデジタル化を定める通則法として重要な役割を果たしていますが、具体的には、どのような手続がデジタル化の対象として定められているのでしょうか？　実際のデジタル手続法の条文も参照しながら、見ていきたいと思います。

まず、国民・事業者等から行政機関に対して行う申請・届出などの手続については、デジタル手続法の第3条第8号で**申請等**として定義がおかれています。

▼デジタル手続法（情報通信技術を活用した行政の推進等に関する法律）

（定義）
第3条　この法律において、次の各号に掲げる用語の意義は、当該各号に定めるところによる。

八　申請等　申請、届出その他の**法令の規定に基づき行政機関等に対して行われる通知**（訴訟手続その他の裁判所における手続並びに刑事事件及び政令で定める犯則事件に関する法令の規定に基づく手続（以下この条及び第14条第1項において「裁判手続等」という。）において行われるものを除く。）をいう。この場合において、経由機関（法令の規定に基づき他の行政機関等又は民間事業者を経由して行われる申請等における当該他の行政機関等又は民間事業者をいう。以下この号において同じ。）があるときは、当該申請等については、当該申請等をする者から経由機関に対して行われるもの及び経由機関から他の経由機関又は当該申請等を受ける行政機関等に対して行われるものごとに、それぞれ別の申請等とみなして、この法

　「法令の規定に基づき」とありますので、法律や法律に基づく政令・省令等で定められている申請や届出などの手続が対象となります。なお、国が定める法令の規定に基づいて、地方自治体に対して行われる申請などについても対象となります。例えば、住民票の写しの交付申請は、市役所などに対して行う手続ですが、住民基本台帳法という法律に根拠となる規定が置かれていますので、法令の規定に基づくものとしてデジタル手続法の対象となります。一方で、自治体の条例等で独自に定められているような手続は、デジタル手続法の対象外となります。

　また、「行政機関等に対して行われる通知」とあり、通知の種類には限定がありませんので、行政機関に許認可や証明書の交付などの対応を求める申請手続だけでなく、事業開始の届出や報告書等の提出などのように、国民・事業者等の行為のみで完結するような手続も含まれます。通知の主体にも限定はありませんので、地方自治体が国に対して行うような手続についても含まれます。

　以上のように、「申請等」については、行政機関が受け手となる手続が、かなり幅広く対象に含まれるような規定ぶりとなっています。

　なお、細かいことになりますが、この条文中のカッコ内では、裁判関係の手続が除外されることが定められており、条文の後段では、経由機関がある手続の場合には、国民等から経由機関までの手続と経由機関から行政機関までの手続とを、それぞれ別の手続とみなして規定を適用するということが定められています。

行政機関から国民・事業者等への「処分通知等」

　次に、行政機関から国民・事業者等に対して行う通知・交付などの手続については、デジタル手続法の第3条第9号で**処分通知等**として定義が置かれています。

▼デジタル手続法（情報通信技術を活用した行政の推進等に関する法律）

（定義）
第3条　この法律において、次の各号に掲げる用語の意義は、当該各号に定めるところによる。
九　処分通知等　**処分（行政庁の処分その他公権力の行使に当たる行為をいう。）の通知その他の法令の規定に基づき行政機関等が行う通知**（不特定の者に対して行うもの及び裁判手続等において行うものを除く。）をいう。この場合において、経由機関（法令の規定に基づき他の行政機関等又は民間事業者を経由して行う処分

通知等における当該他の行政機関等又は民間事業者をいう。以下この号において
同じ。）があるときは、当該処分通知等については、当該処分通知等を行う行政機
関等が経由機関に対して行うもの及び経由機関が他の経由機関又は当該処分通知
等を受ける者に対して行うものごとに、それぞれ別の処分通知等とみなして、この
法律の規定を適用する。

この条文では、「処分の通知」その他の「法令の規定に基づき行政機関等が行う
通知」とありますが、法令用語で「Aその他のB」という場合、AはBの例示になり
ますので、処分通知等は、「法令の規定に基づき行政機関等が行う通知」というこ
ととなります。

「法令の規定に基づき」という点で、申請等と同様に限定がかかっていますが、
行政機関が行う通知が幅広く含まれる定義になっています。行政機関が行う通知
には、国民等からの申請に応じて許可証を交付するような場合のほか、納税通知
書のように一方的に行政機関から送付されるものも含まれます。なお、デジタル
手続法では、申請に対応した許可証の交付のような手続のみを指す場合には、「申
請等に基づく処分通知等」という表現が使われています。

申請等の場合と同様に裁判関係の手続が除外されるほか、不特定の者に向けた
通知も対象から除かれています。また、経由機関がある場合の考え方なども、申請
等の場合と同様となっています。

行政機関が主体となる「縦覧等」「作成等」

デジタル手続法では、行政機関と国民等との間で行われる申請等、処分通知等
だけでなく、行政機関に文書を備え置いて希望者が閲覧できるようにする「縦覧」
や、行政機関内部での文書の作成・保存についても、デジタル化を可能とする規
定が置かれています。

縦覧等のデジタル化を可能とすることで、わざわざ県庁や市役所を訪問しなく
ても、自宅などからインターネットで文書の内容を閲覧することができるように
なります。また、文書の作成・保存のデジタル化を可能とすることは、行政機関が
処分通知や縦覧のデジタル化を効率的に行う上でも重要な意義を有しています。

「縦覧等」「作成等」については、デジタル手続法第3条第10号及び第11号で、
以下のように定義されています。

▼デジタル手続法（情報通信技術を活用した行政の推進等に関する法律）

（定義）
第3条　この法律において、次の各号に掲げる用語の意義は、当該各号に定めるところによる。
　十　縦覧等　法令の規定に基づき行政機関等が書面等又は電磁的記録に記録されている事項を縦覧又は閲覧に供すること（裁判手続等において行うものを除く。）をいう。
　十一　作成等　法令の規定に基づき行政機関等が書面等又は電磁的記録を作成し、又は保存すること（裁判手続等において行うものを除く。）をいう。

　以上、申請等、処分通知等、縦覧等、作成等について説明してきましたが、デジタル手続法では、これらをまとめて「手続等」と定義しています。デジタル手続法では、行政機関に関わる手続を幅広く対象とすることできるよう、各手続の定義は包括的な規定ぶりとなっているものと考えられます。

▼デジタル手続法の「手続等」に関する用語の整理

用語	定義
手続等	申請等、処分通知等、縦覧等、作成等
申請等	法令の規定に基づき行政機関等に対して行われる通知（申請・届出など）
処分通知等	法令の規定に基づき行政機関等が行う通知（行政処分の通知など） ※不特定の者に対するものを除く。
縦覧等	法令の規定に基づき行政機関等が書面などに記録されている事項を縦覧・閲覧に供すること
作成等	法令の規定に基づき行政機関等が書面などを作成・保存すること

デジタル化、オンライン化、IT化、DXって、何が違うの？

デジタル化のほかに、オンライン化とか、IT化とか、似たような言葉が多いけど、どんな違いがあるのかな？

法令用語では、細かく使い分けられていたり、日常で使わないような漢字語が使われることがあるから、注意が必要だね

デジタル化とオンライン化の違い

　ここまでの記載でも、デジタル化やオンライン化という言葉を使ってきていますが、通常、**オンライン化**は、インターネットなどを使って窓口などに赴かなくても手続が行えるようにするような場合に使われています。一方で、**デジタル化**はもう少し幅広く、デジタル技術を活用する場合に使われますので、オンライン化は、デジタル化の方法の一つと言えます。行政手続のデジタル化に関する取組を説明する場合などでも、デジタル化とオンライン化は区別して使われています。

　具体的な例で見ると、紙で行っていた申請手続について、提出書類に代えて、そのデータをCD-Rに焼いて提出するような場合は、手続のデジタル化に当たりますが、オンライン化には当たらないことになります。これがメールで提出できるようになると、手続がオンライン化されたことになります。

　オンライン化について、法律で定めを置く場合には、「インターネットを利用して」「電気通信回線を通じて」などの用語が使われることもありますが、デジタル手続法では、「電子情報処理組織を使用する方法」という用語が使われています。**電子情報処理組織**については、「行政機関等の使用に係る電子計算機とその手続等の相手方の使用に係る電子計算機とを電気通信回線で接続した電子情報処理組織をいう」と定義されていて、行政機関のコンピュータと国民等のコンピュータとをインターネットで接続して、情報システム等で処理することを想定した規定ぶり

になっています。

　一方、デジタル化については、デジタル手続法では、「情報通信技術を利用する方法」という用語が使われていて、より具体的に「電磁的記録により行う」などの規定ぶりも見られます。なお、**電磁的記録**は、電子データの形での記録という意味合いでよく使われる用語です。

　デジタル手続法をはじめ、デジタル関係の法律を読む際には、これらの用語の使い分けに気をつける必要があります。

IT（ICT）化とDXの違い

　IT化とDXの違いについては、まずITは情報技術、DXはデジタルトランスフォーメーションの略語ですので、DXの方が、業務などの「変革」につなげていくという意味合いが強調された言葉になっています。

　IT化に似たものとして、ICT化、デジタル化という言葉が使われることがありますが、これらはほぼ同様の意味合で使われていると考えてよいと思います。法令用語としては、ICT化に当たる「**情報通信技術**（の活用）」が使われることが多く、「情報技術の活用」「デジタル化」の例はそれほど多くありません。インターネットで大容量のデータの通信が可能となっていることが様々な変化の背景にあることを踏まえると、「情報通信技術」という用語が一番しっくりくるように思います。

　なお、DXに当たる法令用語はありませんが、2023年のデジタル社会形成基本法の改正で新設された第36条には、「最新の情報通信技術の活用により国民の利便性の向上及び行政運営の改善を図る」という文言が盛り込まれて、DXの考え方が取り入れられているものと見ることができると思います。

▼デジタル社会形成基本法

> （情報通信技術の効果的な活用のための規制の見直し）
> 第36条　デジタル社会の形成に関する施策の策定に当たっては、**最新の情報通信技術の活用により国民の利便性の向上及び行政運営の改善を図る**観点から、国、地方公共団体及び事業者の業務の処理について、これに関連する規制により情報通信技術の進展の状況を踏まえたその効果的な活用が妨げられないようにするために必要な措置が講じられなければならない。

デジタルに関する法令用語 (電子計算機、電磁的記録など)

　ここまでの説明でも、すでに出てきていますが、デジタルに関する法令用語の中には、日常的に使っている用語と異なるものが数多くあります。日常的に使われているデジタルに関する用語は、カタカナやアルファベットのものが多いと思いますが、法令では、漢字語で定められるのが通常なため、このような違いが出てきます。

　デジタル化に絶対に必要なコンピュータは、法令用語では「**電子計算機**」が使われます。なお、「コンピュータ」とそのまま定められている例もありますが、圧倒的に電子計算機の方が多く、法令用語として定着しています。

　電子データについては、「**電磁的記録**」という用語が、デジタル化に関する法令では、よく使われています。定義としては、「電子的方式、磁気的方式その他人の知覚によっては認識することができない方式で作られる記録であって、電子計算機による情報処理の用に供されるものをいう」などとされていて、非常にわかりにくいのですが、ハードディスク (磁気的方式) やSSD (電子的方式) などに作成・記録されるデータで、コンピュータで読み取ることで可視化できるようなもの、と思ってもらえればよいかと思います。要すれば、電子データのことです。

　電磁的記録を格納する媒体が、「**電磁的記録媒体**」で、USBメモリ、CD-R、DVDなどがこれに該当します。日常的には、電子媒体と言うことの方が多いかもしれません。また、電磁的記録を使う方法を「**電磁的方法**」と表すこともあります。

　インターネットは、「インターネット」のままで使われています。初めて「インターネット」という用語が使われたのは、2000年に制定されたIT基本法 (高度情報通信ネットワーク社会形成基本法) と言われていますが、その後、多くの法律で「インターネット」という用語が使われています。なお、「インターネット」について、定義を置いている例はないのですが、これは、すでに一般的な用語としても十分に普及しているということの表れと言えるかもしれません。(「インターネット」は、1995年の新語・流行語大賞 (トップテン) を受賞していますが、隔世の感があります。)

1

4 インターネットでの申請や届出は、どんな法律の仕組みで定められているの？

インターネットを使って申請ができるようにするために、法律でどんなことが定められているのかな？

デジタル手続法と各省庁の省令などで、オンライン申請について定められているよ

デジタル手続法第6条による申請等のオンライン化

デジタル手続法では、他の法令で書面で行うこととされている行政手続について、オンライン化・デジタル化ができるようにする規定が、第6条から第9条までに置かれています。

最も典型的な行政手続とも言える申請等のオンライン化については、その最初の第6条で、以下のように定められています。

▼デジタル手続法（情報通信技術を活用した行政の推進等に関する法律）

（電子情報処理組織による申請等）
第6条　申請等のうち当該申請等に関する他の法令の規定において書面等により行うことその他のその方法が規定されているものについては、当該法令の規定にかかわらず、**主務省令で定めるところにより**、主務省令で定める**電子情報処理組織（行政機関等の使用に係る電子計算機（入出力装置を含む。以下同じ。）とその手続等の相手方の使用に係る電子計算機とを電気通信回線で接続した電子情報処理組織をいう。次章を除き、以下同じ。）を使用する方法により行うことができる。**

他の法令で、書面等で行うこととされている申請等については、オンラインの方法で行うことができませんが、このデジタル手続法の条文に基づいて、各省庁が省令等で定める（「主務省令で定める」）ことで、情報システム等を利用したオンラインの方法で手続を行うことができる、ということが定められています。

なお、**電子情報処理組織**については、その後に続くカッコ内の説明の通りなの

ですが、行政機関のコンピュータと申請者のコンピュータとを通信回線で接続した仕組みが幅広く含まれます。必ずしも大掛かりな「情報システム」のようなものではなく、メールや簡易ウェブサイトを利用する場合なども含まれますので留意いただければと思います。

デジタル手続法の第6条から第9条までの、手続のデジタル化に関する規定の全般に言えることなのですが、主務省令で定めることで行政手続のオンライン化等を可能にすることができるという旨を定める「できる規定」になっています。別の言い方をすると、デジタル手続法に基づいて、直接オンライン化等が可能となるわけではなく、各省庁が省令等（「主務省令」）で定めることでオンライン化ができるような仕組みになっています。

例えば、ある法律（A法）で書面での申請等が定められていると、その法律の下の省令（A法施行規則）では、（省令等は、法律の範囲内でしか定められませんので、）オンラインでの申請等の方法を定めることができません。ですが、デジタル手続法の規定があることで、申請等のオンライン化の規定を省令（デジタル手続法に基づく主務省令）で定めることでことができるようになります。結果、元の法律とデジタル手続法に基づく主務省令の規定に基づいて、申請等のオンライン化ができるようになる、という仕組みになっています。

▼デジタル手続法の適用のイメージ

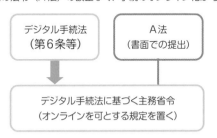

デジタル手続法6条等に基づいて、主務省令で定めることで、
個別の法令（A法）の改正なく、手続のオンライン化が可能。

元の法律の定めではデジタル化ができない場合に、別の通則的な法律（通則法）で定めることでデジタル化を可能とするという仕組みは、e-文書法やキャッシュレス法でも採用されています。

デジタル手続法に基づく主務省令の規定ぶり

　では、デジタル手続法に基づく**主務省令**にはどのような内容が定められているのか、実際の条文を見てみたいと思います。なお、主務省というのは、ある行政事務を所管する省のことです。デジタル手続法に基づく主務省令という場合には、書面等での手続を定めている元々の法律を所管している省庁が定める省令等と思っておいてもらえればと思います。

　例えば、パスポートの交付申請の場合であれば、書面等での手続を定めている旅券法を所管する外務省の省令（外務省令）で、オンラインでの交付申請が可能である旨を定めることになります。実際には、外務省令である旅券法施行規則の第1条に以下のような規定が置かれています。

▼旅券法施行規則

> （申請等の方法）
> 第1条　旅券法（以下「法」という。）に基づく申請、請求又は届出（以下「申請等」という。）は、次に掲げる方法により行うことができる。
> 　一　書面手続　申請等を書面等（情報通信技術を活用した行政の推進等に関する法律（平成14年法律第151号）第3条第5号に規定する書面等をいう。）により行う方法
> 　二　電子手続　情報通信技術を活用した行政の推進等に関する法律第6条第1項の規定により、申請等を外務大臣の使用に係る電子計算機と申請等をする者の使用に係る電子計算機とを電気通信回線で接続した**電子情報処理組織を使用して行う方法**

　この旅券法の例は、個別法に基づく省令でオンライン規定を定めるものですが、各省庁が所管する複数の法令に通則的に適用されるような主務省令も定められています。主なものとしては、以下のようなものがあります。

　デジタル手続法に基づく主な主務省令
　・内閣府の所管する金融関連法令に係る情報通信技術を活用した行政の推進等に関する法律施行規則
　・内閣府の所管する内閣府本府関係法令に係る行政手続等における情報通信技術の利用に関する法律施行規則
　・内閣府の所管する消費者庁関係法令に係る情報通信技術を活用した行政の推進等に関する法律施行規則

- 総務省関係法令に係る情報通信技術を活用した行政の推進等に関する法律施行規則
- 法務省の所管する法令の規定に基づく情報通信技術を活用した行政の推進等に関する規則
- 外務省の所管する法令の規定に基づく情報通信技術を活用した行政の推進等に関する規則
- 国税関係法令に係る情報通信技術を活用した行政の推進等に関する省令
- 財務省関係法令の情報通信技術を活用した行政の推進等に関する法律施行規則
- 税関関係法令に係る情報通信技術を活用した行政の推進等に関する省令
- 文部科学省関係の行政手続等における情報通信の技術の利用に関する省令
- 厚生労働省の所管する法令に係る情報通信技術を活用した行政の推進等に関する法律施行規則
- 農林水産関係法令に係る情報通信技術を活用した行政の推進等に関する法律施行規則
- 経済産業省の所管する法令に係る情報通信技術を活用した行政の推進等に関する法律施行規則
- 国土交通省の所管する法令に係る情報通信技術を活用した行政の推進等に関する法律施行規則
- 環境省の所管する法令に係る情報通信技術を活用した行政の推進等に関する法律施行規則
- 防衛省関係法令に係る情報通信技術を活用した行政の推進等に関する法律施行規則

　デジタル手続法に基づく主務省令としては、どちらかというと、このような通則法的な主務省令の規定が適用される場合が多いと思いますので、一例として、厚生労働省の主務省令の規定ぶりを見ておきたいと思います。

▼厚生労働省の所管する法令に係る情報通信技術を活用した行政の推進等に関する法律施行規則

（申請等に係る電子情報処理組織）
第3条　法第6条第1項に規定する主務省令で定める電子情報処理組織は、申請等が

行われるべき行政機関等の使用に係る電子計算機と申請等をする者の使用に係る電子計算機であって当該行政機関等の使用に係る電子計算機と接続した際に当該行政機関等から付与されるプログラムを正常に稼働させられる機能（当該行政機関等からプログラムが付与される場合に限る。）を備えているものとを電気通信回線で接続したものとする。

（申請等の入力事項等）
第4条　法第6条第1項の規定により電子情報処理組織を使用して申請等を行う者は、当該申請等につき規定した法令の規定により書面等に記載すべきこととされる事項（次項に規定する事項を除く。）及び電子情報処理組織の使用に当たり必要な事項として行政機関等が入力を求める事項を、前条に規定する申請等をする者の使用に係る電子計算機から入力して、申請等を行わなければならない。

　第3条では、「電子情報処理組織」の要件が（「プログラムを正常に稼働させられる機能」などかなり抽象的ですが。）、第4条では、本来申請書に記載すべき事項をコンピュータから入力して申請することが定められています。

　分量の関係もあるので、第4条の第2項から第5項までは省略しましたが、添付書類や手数料納付のデジタル化に関することが定められていますので、関心のある方は、一度、条文に当たってみてもらえればと思います。

個別法令でオンライン化を定める場合

　ここまで、デジタル手続法に基づいて、申請等をオンライン化する場合の法令の条文等を見てきましたが、デジタル手続法の適用によるのではなく、個別の法令でオンライン手続を定めるという方法もあります。（このように個別の法令でオンラインの規定がおかれる場合には、デジタル手続法は適用されません。）

　以下の、鉱業法施行規則の規定は、鉱業権の設定の申請（出願）に関する方法を定めたものですが、郵便による方法のほかに、電子情報処理組織を使用する方法が定められています。（なお、「鉱業権」とは、一定の区域で、鉱物を掘採・取得する権利のことです。）

▼鉱業法施行規則

（設定の出願の方法）
第2条の3　鉱業法（昭和25年法律第289号。以下「法」という。）第21条第2項の経済産業省令で定める方法は、引受時刻証明の取扱いとした第一種郵便物、信書便物のうち引受け及び配達の記録がなされたもの又は**電子情報処理組織**（経済産業大臣の使用に係る電子計算機（入出力装置を含む。以下同じ。）と、同条第1項の規定によ

> る出願をしようとする者の使用に係る電子計算機とを電気通信回線で接続した電子情報処理組織をいう。）**を使用するもの**であつて法第27条第1項の願書を発した日時を記録する機能を備えたものとする。

　また、特許などに関する申請等については、工業所有権に関する手続等の特例に関する法律でオンライン申請を可能とする規定が置かれています。（こちらも、デジタル手続法の適用はありません。）「工業所有権」と言うとなじみがないかもしれませんが、特許、実用新案、商標などに関する権利の総称と思ってもらえればと思います。

▼工業所有権に関する手続等の特例に関する法律

> （電子情報処理組織による特定手続）
> 第3条　手続をする者は、経済産業大臣、特許庁長官、審判長又は審査官に対する特許等関係法令の規定による手続であって経済産業省令で定めるもの（以下「特定手続」という。）については、経済産業省令で定めるところにより、**電子情報処理組織を使用して行うことができる。**
> 2　前項の規定により行われた特定手続は、前条第1項の特許庁の使用に係る電子計算機に備えられたファイル（第5条第3項並びに第13条第2項及び第3項を除き、以下単に「ファイル」という。）への記録がされた時に特許庁に到達したものとみなす。
> 3　第1項の規定により行われた特定手続については、当該特定手続を書面の提出により行うものとして規定した特許等関係法令の規定に規定する書面の提出により行われたものとみなして、特許等関係法令の規定を適用する。

　条文の規定ぶりは、デジタル手続法と似ていますが、こちらの「工業所有権に関する手続等の特例に関する法律」は、行政手続オンライン化法より前に制定されていますので、むしろこちらが先例と言えます。なお、第2項にある到達時点の定めや、第3項の書面の提出とみなす「みなし規定」についても、同様の規定がデジタル手続法第6条第2項、第3項に置かれています。

主務省令：主務省令については、デジタル手続法第18条に以下の規定が置かれている。

▼デジタル手続法（情報通信技術を活用した行政の推進等に関する法律）

（主務省令）

第18条　この法律における主務省令は、手続等に関する他の法令（会計検査院規則、人事院規則、公正取引委員会規則、国家公安委員会規則、個人情報保護委員会規則、カジノ管埋委員会規則、公害等調整委員会規則、公安審査委員会規則、中央労働委員会規則、運輸安全委員会規則及び原子力規制委員会規則を除く。）を所管する内閣官房、内閣府、デジタル庁又は各省の内閣官房令、内閣府令、デジタル庁令又は省令とする。ただし、会計検査院、人事院、公正取引委員会、国家公安委員会、個人情報保護委員会、カジノ管理委員会、公害等調整委員会、公安審査委員会、中央労働委員会、運輸安全委員会又は原子力規制委員会の所管に係る手続等については、それぞれ会計検査院規則、人事院規則、公正取引委員会規則、国家公安委員会規則、個人情報保護委員会規則、カジノ管理委員会規則、公害等調整委員会規則、公安審査委員会規則、中央労働委員会規則、運輸安全委員会規則又は原子力規制委員会規則とする。

オンライン手続では、どうやって本人確認をするの？

インターネットでの手続では、どうやって本人確認をするんだろう？

マイナンバーカードの電子証明書を使った、公的個人認証サービスが利用されているよ

公的個人認証法による本人確認の方法

　対面での行政手続を行う際には、署名や押印、身分証明書の提示などで本人確認を行いますが、オンラインでの手続の場合には、これらに代わる本人確認の手段が必要となります。このような本人確認手段のデジタル化の課題への対応として、2002年に、**公的個人認証法**（電子署名等に係る地方公共団体情報システム機構の認証業務に関する法律）が制定され、公的機関が実施する個人認証サービスの制度が定められています。

　具体的には、公的個人認証法で、オンラインでの行政手続などの際に、他人による「なりすまし」などを防ぐための本人確認の手段として、マイナンバーカード等を使った「電子利用者証明」を利用できるようにするための仕組みが定められています。法律の正式名称（「電子署名等に係る地方公共団体情報システム機構の認証業務に関する法律」）にある通り、この公的個人認証サービスの仕組みは、地方公共団体情報システム機構（J-LIS）の業務として定められていて、J-LISでは、電子証明書の発行など、いわゆる認証局としての業務を行うこととされています。

　公的個人認証サービスでは、マイナンバーカード等のICチップ部分に「電子証明書」と呼ばれるデータを記録し、その電子証明書を利用することで、申請等の手続の際に、申請者が本人であることなどの証明を行うこととなります。

　少し細かくなりますが、電子証明書には、署名用電子証明書と利用者証明用電

子証明書の2種類があります。

　署名用電子証明書は、いわゆる電子署名のためのもので、例えば、e-tax等で電子文書を作成・送信する際などに利用するものです。「作成・送信した電子文書が、利用者が作成した真正なものであり、利用者が送信したものであること」を証明することができます。(対面の手続で言えば、実印での押印と印鑑証明書の添付に当たるイメージです。)

　利用者証明用電子証明書は、利用者の本人確認のためのもので、例えば、住民票の写しなどのコンビニ交付サービスを利用するために、コンビニ交付の端末等にログインする際に利用するものです。「利用者証明用」とあるように、「ログインした者が、利用者本人であること」を証明することができます。(対面の手続で言えば、本人確認のための免許証の提示などに当たるイメージです。)

　以下、**署名用電子証明書**と**利用者証明用電子証明書**の発行に関する条文を引用しておきます。なお、電子証明書はJ-LISが発行するものですが、通常はマイナンバーカードの交付申請と合わせて、市町村の窓口経由で電子証明書の発行の申請も行われ、マイナンバーカードのICチップに搭載された状態で受け取りますので、あまりJ-LISによる電子証明書の発行業務等が意識されることはないと思われます。

▼公的個人認証法(電子署名等に係る地方公共団体情報システム機構の認証業務に関する法律)

（署名用電子証明書の発行）

第3条　住民基本台帳に記録されている者は、その者が記録されている住民基本台帳を備える市町村(特別区を含む。以下同じ。)の市町村長(特別区の区長を含む。以下同じ。)を経由して、機構に対し、自己に係る**署名用電子証明書(署名利用者検証符号が当該署名利用者のものであることを証明するために作成される電磁的記録**(電子的方式、磁気的方式その他人の知覚によっては認識することができない方式で作られる記録であって、電子計算機による情報処理の用に供されるものをいう。以下同じ。)をいう。以下同じ。)の発行の申請をすることができる。

（個人番号カード用利用者証明用電子証明書の発行）

第22条　住民基本台帳に記録されている者は、住所地市町村長を経由して、機構に対し、自己に係る**利用者証明用電子証明書(利用者証明利用者検証符号が当該利用者証明利用者のものであることを証明するために作成される電磁的記録**をいう。以下同じ。)であって、個人番号カードに記録するもの(以下「個人番号カード用利用者証明用電子証明書」という。)の発行の申請をすることができる。

ここまで、申請者側の手続に視点を置いて説明してきましたが、申請等を受け付ける地方自治体の側としては、申請者の電子証明書の有効性が確認できるよう、公的個人認証法第17条、第36条に基づいて、「署名検証者」又は「利用者証明検証者」としてJ-LISに届出を行い、協定を締結することで必要な情報がJ-LISから得られることとなります。

こうした公的個人認証サービスの仕組みは、オンラインでの行政手続の際の本人確認の重要なインフラとなっています。

マイナンバーカードの電子証明書の利用

ここまででも説明したとおり、公的個人認証サービス用の電子証明書は、マイナンバーカードのICチップに標準搭載される形になっていますが、公的個人認証法が制定された2002年には、まだマイナンバーカードは存在しておらず（マイナンバー法は2013年に制定され、2016年からマイナンバー制度が導入されています。）、当初の公的個人認証は、住民基本台帳カードを利用して、各都道府県知事が電子証明書を発行する形でした。

また、住民基本台帳カードが使われていた時代の電子証明書は「署名用電子証明書」だけでしたが、その後、マイナンバーカードに電子証明書が搭載されるようになった際に「利用者証明用電子証明書」に関する制度が設けられ、電子証明書の発行もJ-LISが行うこととなりました。

全くの余談ですが、カードに搭載されている電子証明書は、本人がパスワードを登録して「有効」になります。マイナンバーカードの交付手続の際に、パスワードを2種類登録した記憶のある方もいらっしゃるかもしれませんが、「署名用電子証明書」のパスワードが「6文字以上16文字以下の英数字」、「利用者証明用電子証明書」のパスワードが「数字4桁」となっています。電子署名用のパスワードの方が、より強度の高いものとなっているわけです。

現在、マイナンバーカードの交付枚数は、運転免許証を超え、最も普及している身分証明書になっていますが、この「公的個人認証サービス」での活用は、マイナンバーカードの利活用の場面として、広く知られるようになってきていると思います。

なお、マイナンバーカードのICチップには、公的個人認証の電子証明書のほか、氏名や住所、顔写真などのマイナンバーカードの券面の情報が格納されています。

（ICチップに税や年金などの情報が入っているとの誤解されている方もいるようですが、そのような情報はカードには記録されていません。）

公的個人認証サービスの利用の拡大

　公的個人認証サービスの電子証明書の利用は、当初行政機関に限られていましたが、2016年1月から、民間事業者も公的個人認証サービスの利用が可能になりました。利用に当たっては、主務大臣（内閣総理大臣（実務はデジタル庁）及び総務大臣）の認定を受ける必要があります。認定を受けた事業者の一覧については、総務省のホームページ等で公表されていますが、住宅ローンの契約手続などで利用されているようです。

　また、より簡易な本人確認のニーズがある場合にもマイナンバーカードの利用を拡大できるよう、2023年の法改正で、暗証番号の入力等を伴う電子利用者証明を行わずに、利用者の確認をする方法の規定が整備されました。この改正によって、具体的には、カードをタッチするだけで、使用者の確認ができるという簡易な方法が可能となります。マイナンバーカードの市民カード化の例として取り上げられることの多い、図書館利用カードとしての活用などの際に、こうした簡易な方法を用いることが想定されています。

6 インターネットでの行政機関からの通知は、どんな法律の仕組みで定められているの？

 インターネットを使って行政機関から連絡が来ることが増えてきたけど、法律でどんなことが定められているのかな？

 デジタル手続法と各省庁の省令などで、オンラインでの処分通知について定められているよ

1

デジタル手続法第7条による処分通知等のオンライン化

　デジタル手続法では、他の法律等で書面で行うこととされている行政手続について、オンライン化・デジタル化ができるようにする規定が、第6条から第9条までに置かれていますが、行政機関から国民等に対する**処分通知等**のオンライン化は、第7条で以下のように定められています。

▼デジタル手続法（情報通信技術を活用した行政の推進等に関する法律）

（電子情報処理組織による処分通知等）

第7条　処分通知等のうち当該処分通知等に関する他の法令の規定において書面等により行うことその他のその方法が規定されているものについては、当該法令の規定にかかわらず、**主務省令で定めるところにより、主務省令で定める電子情報処理組織を使用する方法により行うことができる。**ただし、当該処分通知等を受ける者が当該電子情報処理組織を使用する方法により受ける旨の主務省令で定める方式による表示をする場合に限る。

2　前項の電子情報処理組織を使用する方法により行われた処分通知等については、当該処分通知等に関する他の法令の規定に規定する方法により行われたものとみなして、当該法令その他の当該処分通知等に関する法令の規定を適用する。

3　第1項の電子情報処理組織を使用する方法により行われた処分通知等は、当該処分通知等を受ける者の使用に係る電子計算機に備えられたファイルへの記録がされた時に当該処分通知等を受ける者に到達したものとみなす。

4　処分通知等のうち当該処分通知等に関する他の法令の規定において署名等をすることが規定されているものを第1項の電子情報処理組織を使用する方法により行う場合には、当該署名等については、当該法令の規定にかかわらず、氏名又は名称を明らかにする措置であって主務省令で定めるものをもって代えることができる。

5　処分通知等を受ける者について対面により本人確認をするべき事情がある場合、処

分通知等に係る書面等のうちにその原本を交付する必要があるものがある場合その他の当該処分通知等のうちに第１項の電子情報処理組織を使用する方法により行うことが困難又は著しく不適当と認められる部分がある場合として主務省令で定める場合には、主務省令で定めるところにより、当該処分通知等のうち当該部分以外の部分につき、前各項の規定を適用する。この場合において、第２項中「行われた処分通知等」とあるのは、「行われた処分通知等（第５項の規定により前項の規定を適用する部分に限る。以下この項から第４項までにおいて同じ。）」とする。

　他の法律等で、書面等で行うこととされている処分通知等については、オンラインの方法で行うことができませんが、このデジタル手続法第７条に基づいて、各省庁が省令等で定める（「主務省令で定める」）ことで、情報システム等を利用したオンラインの方法で行うことができる、という仕組みになっています。これは、申請等のオンライン化を定める第６条と同じ規定ぶりですね。

　申請等の場合と異なるのは、第７条第１項ただし書の部分で、処分通知等の場合には、相手方の承諾が必要とされてることです。これは、処分通知等を受ける側がオンラインを希望しない場合や、そもそもパソコン等を持っていない場合もあることなどに配慮が必要なためです。（申請等の場合には、そもそもオンラインでの手続を国民や事業者が選択しているわけですので、相手方の承諾の要件は定められていません。）

　以下、少し細かいですが、第２項では、オンラインでの処分通知等が、元々の法令に規定する方法で行われたものとみなすという、「みなし規定」が置かれています。

　第３項では、デジタルでの処分通知等が、相手方のコンピュータに備えられたファイルに記録されたときに到達したものとみなすという到達時点についての定めが置かれています。

　第４項では、署名等に代えて、電子署名等で代替できるとの定めが置かれており、第５項では、対面での本人確認や現物を交付する必要がある場合などには、手続の一部をオンライン化することができることが定められています。

　紙面の関係で説明を省略しましたが、この第２項から第５項と同様の定めは、申請等の第６条でも置かれています。

デジタル手続法に基づく主務省令の規定ぶり

次に、処分通知等に関して、デジタル手続法に基づく主務省令にはどのような内容が定められているのか、実際の条文を見てみたいと思います。申請等の場合と同様に、厚生労働省の主務省令の規定ぶりの例を見てみます。

▼厚生労働省の所管する法令に係る情報通信技術を活用した行政の推進等に関する法律施行規則

(処分通知等に係る電子情報処理組織)

第8条　法第7条第1項に規定する主務省令で定める電子情報処理組織は、行政機関等の使用に係る電子計算機と処分通知等を受ける者の使用に係る電子計算機であって当該行政機関等の使用に係る電子計算機と接続した際に当該行政機関等から付与されるプログラムを正常に稼働させられる機能(当該行政機関等からプログラムが付与される場合に限る。)を備えているものとを電気通信回線で接続した電子情報処理組織とする。

(処分通知等の入力事項等)

第9条　行政機関等は、法第7条第1項の規定により処分通知等を電子情報処理組織を使用する方法により行うときは、当該処分通知等につき規定した法令の規定により書面等に記載すべきこととされる事項を前条に規定する行政機関等の使用に係る電子計算機から入力し、当該行政機関等の使用に係る電子計算機に備えられたファイルに記録しなければならない。この場合において、当該行政機関等は、当該処分通知等が電子署名を要するものと認めるときは、入力する事項についての情報に電子署名を行い、当該電子署名に係る電子証明書を当該情報と併せて当該行政機関等の使用に係る電子計算機に備えられたファイルに記録しなければならない。

第8条では、「電子情報処理組織」の要件が、申請等の場合と同様に置かれています。また、第9条では、本来申請書に記載すべき事項をコンピュータから入力してファイルに記録することや、電子署名が必要な場合などについての定めが置かれています。

個別法令でオンライン化を定める場合の例

ここまで、デジタル手続法に基づいて、処分通知等をオンライン化する場合について見てきましたが、個別の法令でオンライン手続を定めるという方法を採っている例についても見ておきたいと思います。

以下の、航空法施行規則の規定は、国土交通大臣が無人航空機(ドローン)の登録をしたときに、申請者に対し、登録事項を通知する方法を定めているものです

が、書面または電磁的方法によることが可能であることが定められています。なお、この「電磁的方法」については、別の条文で「電子的方法、磁気的方法その他の人の知覚によつて認識することができない方法」とされていて、インターネット等の利用によりオンラインで提供する方法も含まれます。

▼航空法施行規則

（通知の方法）
第236条の5　法第132条の4第3項（法第132条の6第2項において準用する場合を含む。）の国土交通省令で定める方法は、書面又は**電磁的方法とする。**

コンビニで住民票が受け取れるのは、どんな法律の仕組みで定められているの？

コンビニでも住民票が受け取れると聞いたけど、これも行政手続のデジタル化なのかな？

マイナンバーカードを使った行政手続のデジタル化の方法として、コンビニ交付サービスを提供する市区町村が増えてきているよ

コンビニ交付サービスとは？

　コンビニ交付サービスとは、マイナンバーカード等を使って、コンビニ等に設置されたマルチコピー機（キオスク端末）で、住民票の写しや印鑑登録証明書などの交付を受けることができる仕組みのことです。

　コンビニ交付サービスは、2010年に、住民基本台帳カードを利用する形で、3つの地方自治体で開始されたもので、その後、多くの自治体で導入されていますが、各自治体ごとに、対応は異なっています。J-LISのホームページによると、2023年4月時点では、全国1164市区町村で、コンビニ交付サービスが提供されています。

　コンビニ交付サービスは、通常、土日祝日を含め毎日6:30から23:00までサービスが提供されており、市区町村の窓口が閉まっている夜間や休日にも利用できますので、住民票や印鑑証明を交付してもらうために、仕事を休んで市役所まで取りに行くといったことが不要になります。また、全国どこのコンビニからでも利用ができますので、住んでいる市区町村以外の最寄りの場所からでも証明書の交付を受けることができます。

　コンビニ交付サービスでは、各地方自治体の証明書発行サーバと、全国のコンビニ等のキオスク端末とを、地方公共団体情報システム機構（J-LIS）が構築・運用する証明書交付センターのシステムで仲介することで、自治体の区域を超えた形でのオンライン交付が可能となっています。

また、コンビニ交付サービスでは、マイナンバーカードのICチップに搭載されている電子証明書（利用者証明用電子証明書）を利用することで、利用者の本人確認が行われていますが、これは、各自治体が、公的個人認証法に基づく公的個人認証サービスを利用するという形で行われています。

コンビニ交付サービスの業務を行っているJ-LISとは？

　J-LISとは、**地方公共団体情報システム機構**の略称です。地方公共団体情報システム機構は、地方公共団体情報システム機構法に基づいて設置される法人で、設置目的や業務の範囲は、法律で定められています。また、J-LISが、住民基本台帳法、公的個人認証法、マイナンバー法（行政手続における特定の個人を識別するための番号の利用等に関する法律）による事務と地方自治体の情報システムに関する事務を自治体に代わって行うことは、法律の目的にも掲げられています。

　J-LISでは、ここで紹介しているコンビニ交付サービスに関する業務のほか、公的個人認証サービスの運営、マイナンバーカードの作成等に関する業務や、地方自治体が利用する総合行政ネットワーク（LG-WAN）の運営に関する業務等を行っています。

　地方自治体が行う行政手続等のデジタル化に不可欠の業務を幅広く担っている機関として知っておいていただくとよいかと思います。

▼地方公共団体情報システム機構法

> （目的）
> 第1条　地方公共団体情報システム機構は、国及び地方公共団体が共同して運営する組織として、**住民基本台帳法（昭和42年法律第81号）、電子署名等に係る地方公共団体情報システム機構の認証業務に関する法律（平成14年法律第153号）及び行政手続における特定の個人を識別するための番号の利用等に関する法律（平成25年法律第27号）の規定による事務並びにその他の地方公共団体の情報システムに関する事務を地方公共団体に代わって行う**とともに、地方公共団体に対してその情報システムに関する支援を行い、もって情報通信技術を用いた本人確認の手段の円滑な提供を確保するとともに、地方公共団体の行政事務の合理化及び住民の福祉の増進に寄与することを目的とする。

コンビニ交付サービスに関する法令等

コンビニ交付については、従来、各地方自治体が自動交付機等で行っていた住民票の写し等の交付について、公的個人認証サービスの利用者証明用電子証明書を利用して交付する方式を各自治体が採用することで可能となります。

このため、コンビニ交付自体についての特段の根拠規定などは法令上には置かれておらず、コンビニ交付サービスに必要な事項は、各市町村の規則等で定められています。

一例として、伊勢崎市の規則がホームページ上で公表されていましたので、参考まで、その一部を抜粋しておきます。

▼ **伊勢崎市証明書コンビニ交付サービス管理運営規則 (平成28年規則第79号)**

（趣旨）

第1条　この規則は、個人番号カードを利用してコンビニエンスストア等に設置されている特定端末機により証明書を自動交付するサービス（以下「証明書コンビニ交付サービス」という。）の管理及び運営に関し必要な事項を定めるものとする。

（証明書コンビニ交付サービスにおける本人確認）

第5条　伊勢崎市戸籍事務及び住民基本台帳事務に係る本人確認取扱規則（平成26年伊勢崎市規則第79号。以下「本人確認規則」という。）第2条第3項の市長が別に定める方法は、利用者が個人番号カードを利用して特定端末機で暗証番号を入力し、**公的個人認証法第38条第1項の規定により利用者証明検証者が利用者証明用電子証明書の有効性について確認することによる**ものとする。

1

8 申請や通知はデジタル化が原則と聞いたのだけど、何か決まりがあるの？

 デジタル原則という言葉を聞いたことがあるけど、何か決まりがあるのかな？

 デジタル手続法で行政手続などのデジタル化の原則が定められているよ

デジタル手続法が定めるデジタル3原則

行政手続のデジタル化については、2016年に制定された官民データ活用推進基本法で、「情報通信技術を利用する方法により行うことを原則とするよう、必要な措置を講ずる」と定められています。

▼官民データ活用推進基本法

（手続における情報通信技術の利用等）
第10条　国は、行政機関等（情報通信技術を活用した行政の推進等に関する法律（平成14年法律第151号）第3条第2号の行政機関等をいう。以下この項において同じ。）に係る**申請、届出、処分の通知その他の手続**に関し、**電子情報処理組織**（行政機関等の使用に係る電子計算機と当該行政機関等の手続の相手方の使用に係る電子計算機とを電気通信回線で接続した電子情報処理組織をいう。）**を使用する方法その他の情報通信技術を利用する方法により行うことを原則**とするよう、必要な措置を講ずるものとする。

この官民データ活用推進基本法の規定を踏まえて、デジタル手続法では、行政手続等がデジタルで完結すること（「手続等……の処理に係る一連の行程が情報通信技術を利用して行われるようにすること」）が基本原則の一つとして定められています（第2条第1号）。

デジタル手続法の第2条では、上記の「行政手続のデジタル完結」に関するものを含め、デジタル化の基本原則として、以下の3つの原則が定められています。（①

の原則が行政手続のデジタル完結に関するものとなっています。）

デジタル化の基本原則
①デジタルファースト：個々の手続・サービスが一貫してデジタルで完結する
②ワンスオンリー：一度提出した情報は、二度提出することを不要とする
③コネクテッド・ワンストップ：民間サービスを含め、複数の手続・サービスをワンストップで実現する

　具体的な条文については、以下のようになっています。少し長くて読みづらいかもしれませんが、下線部分を見ていただくと、上記のデジタル化の基本原則との対応がわかりやすいかと思います。

▼デジタル手続法（情報通信技術を活用した行政の推進等に関する法律）

（基本原則）
第2条　情報通信技術を活用した行政の推進は、……次に掲げる事項を旨として行われなければならない。
一　**手続等並びにこれに関連する行政機関等の事務及び民間事業者の業務の処理に係る一連の行程が情報通信技術を利用して行われるようにすること**により、手続等に係る時間、場所その他の制約を除去するとともに、当該事務及び業務の自動化及び共通化を図り、もって手続等が利用しやすい方法により迅速かつ的確に行われるようにすること。
二　民間事業者その他の者から行政機関等に提供された情報については、行政機関等が相互に連携して情報システムを利用した当該情報の共有を図ることにより、**当該情報と同一の内容の情報の提供を要しないものとすること。**
三　社会生活又は事業活動に伴い同一の機会に通常必要とされる多数の手続等（これらの手続等に関連して民間事業者に対して行われ、又は民間事業者が行う通知を含む。以下この号において同じ。）について、**行政機関等及び民間事業者が相互に連携することにより、情報通信技術を利用して当該手続等を一括して行うことができるようにすること。**

国の行政機関によるシステム整備の義務

　デジタル手続法第2条で定められている行政手続のデジタル完結の実現に向けて、第4条では、政府が定める**情報システム整備計画**の中で、オンライン化する申請等及び申請等に基づく処分通知等の範囲やシステム整備の期間などを定めることとされています。その上で、国の行政機関等は、「情報システム整備計画に従っ

て情報システムを整備しなければならない」と、第5条で定められています。

▼ デジタル手続法 (情報通信技術を活用した行政の推進等に関する法律)

（情報システム整備計画）

第4条　政府は、情報通信技術を利用して行われる手続等に係る国の行政機関等の情報システム（次条第4項を除き、以下単に「情報システム」という。）の整備を総合的かつ計画的に実施するため、情報システムの整備に関する計画（以下「情報システム整備計画」という。）を作成しなければならない。

　一、二　（略）

　三　**申請等及び申請等に基づく処分通知等を電子情報処理組織を使用する方法により行うために必要な情報システムの整備**に関する次に掲げる事項

　　イ　申請等及び申請等に基づく処分通知等のうち、情報システムの整備により電子情報処理組織を使用する方法により行うことができるようにするものの範囲

　　ロ　イの情報システムの整備の内容及び実施期間

　四～七　（略）

（国の行政機関等による情報システムの整備等）

第5条　国の行政機関等は、**情報システム整備計画に従って情報システムを整備しなければならない**。

　これまで見てきたように、デジタル手続法の第6条及び第7条では、申請等と処分通知等のオンライン化が「できる規定」で定められていましたが、第2条でデジタル完結等の原則を掲げた上で、第4条・第5条で申請等と処分通知等のデジタル化に必要なシステム整備の義務を行政機関に対して課すことで、デジタル完結を推進するというスキームとなっています。

　このように、システム整備の面から行政手続のデジタル化を推進することを規定している点が、デジタル手続法の一つの特徴となっています。なお、これらのシステム整備に関する規定は、2019年に行政手続オンライン化法からデジタル手続法に改正された際に、新設されたものです。

行政手続等のデジタル化の状況の公表

　ここまで、行政手続等のデジタル化を推進するデジタル手続法の仕組みについて見てきましたが、実際にそれぞれの行政手続等をデジタル化するには、その手続の根拠法令の所管省庁が、省令等でデジタル化を可能とする旨を定めることや、情報システム整備計画に従って情報システムの整備を進めることが必要です。

　このため、そうした各省庁の行政手続等のデジタル化の取組の状況について、フォローアップを行うことが重要となります。

そのために実施されているのが、**行政手続等の棚卸調査**です。国の行政機関を対象に、各省庁が所管する法令で規定されている全手続（約6万件）について、手続名、根拠法令、手続類型、手続主体、手続の受け手、オンライン化の状況、手続件数等の回答を求めるような調査となっています。

　この「行政手続等の棚卸調査」は、以前から行われていましたが、デジタル手続法の制定後は、同法第16条第2項に基づいて、デジタル庁が取りまとめて公表することとされています。（条文上は、「内閣総理大臣は、」とありますが、実務はデジタル庁が行っています。）調査結果などは、約6万件の手続のエクセル表を含め、デジタル庁のホームページ上で公表されています。

▼デジタル手続法（情報通信技術を活用した行政の推進等に関する法律）

（情報通信技術を活用した行政の推進に関する状況の公表）

第16条　国の行政機関等は、電子情報処理組織を使用する方法により行うことができる当該国の行政機関等に係る申請等及び処分通知等その他この法律の規定による**情報通信技術を活用した行政の推進に関する状況について、インターネットの利用その他の方法により随時公表する**ものとする。

2　内閣総理大臣は、前項の規定により公表された事項を取りまとめ、その概要について、インターネットの利用その他の方法により随時公表するものとする。

9 文書の縦覧や作成のデジタル化に関する決まりがあるの？

 申請と処分通知のほかにも、デジタル化が必要な手続があるのかな？

 デジタル手続法では、文書の縦覧や作成についてもデジタル化を可能とする定めが置かれているよ

デジタル手続法第8条による縦覧等のデジタル化

デジタル手続法の第8条では、**縦覧等のデジタル化**を可能とする規定が置かれています。

「縦覧」というのは、「自由に見ること」というのが国語的な意味ですが、法律の用語としては、国などの行政機関が、一定の書類などを、希望する人が見られるようにしておくことを、「縦覧に供する」などと定めています。

一例を挙げると、「道路管理者は、道路の供用を開始し、又は廃止しようとする場合においては、国土交通省令で定めるところにより、その旨を公示し、かつ、これを表示した図面を道路管理者の事務所において一般の縦覧に供しなければならない。」(道路法第18条第2項本文) などのような規定があります。

デジタル手続法における「縦覧等」のデジタル化に関する条文は、以下のようになっています。

▼デジタル手続法 (情報通信技術を活用した行政の推進等に関する法律)

（電磁的記録による縦覧等）
第8条　縦覧等のうち当該縦覧等に関する他の法令の規定において書面等により行うことが規定されているもの (申請等に基づくものを除く。) については、当該法令の規定にかかわらず、主務省令で定めるところにより、当該**書面等に係る電磁的記録に記録されている事項**又は当該事項を記載した書類により行うことができる。

他の法律等で、書面で行うこととされている縦覧等について、主務省令で定めることで、パソコン等を利用して作成した電磁的記録（電子データ）で行うことができることが定められています。

　なお、縦覧等については、行政機関等の事務所に置かれているパソコンに表示する場合などもありますので、オンライン化ではなくて、デジタル化ができる（「電磁的記録……により行うことができる」）という規定ぶりになっています。これは、先に見た第6条（申請等）や第7条（処分通知等）と異なるところです。

　次に、縦覧等のデジタル化に関して、デジタル手続法に基づく主務省令にはどのような内容が定められているのか、厚生労働省の主務省令の規定ぶりの例を見てみます。

▼厚生労働省の所管する法令に係る情報通信技術を活用した行政の推進等に関する法律施行規則

> （縦覧等の方法）
> 第12条　行政機関等は、法第8条第1項の規定により電磁的記録に記録されている事項の縦覧等を行う場合においては、当該事項を**インターネットを利用する方法、行政機関等の事務所に備え置く電子計算機の映像面に表示する方法**又は電磁的記録に記録されている事項を記載した書類による方法により縦覧等を行うものとする。

　具体的な縦覧の方法としては、インターネットを利用する方法や、行政機関のパソコンの画面に表示する方法などで行うということが定められています。

デジタル手続法第9条による作成等のデジタル化

　次に、デジタル手続法第9条では、**作成等**のデジタル化について定められています。「作成等」については、特に説明は不要かもしれませんが、デジタル手続法では、「法令の規定に基づき行政機関等が書面等又は電磁的記録を作成し、又は保存すること」（第3条第11号）と定義されています。

　デジタル手続法における「作成等」のデジタル化に関する条文は、以下のようになっています。

▼ **デジタル手続法（情報通信技術を活用した行政の推進等に関する法律）**

> （電磁的記録による作成等）
> 第9条　作成等のうち当該作成等に関する他の法令の規定において書面等により行うことが規定されているものについては、当該法令の規定にかかわらず、主務省令で定めるところにより、当該**書面等に係る電磁的記録により行うことができる。**

　他の法律等で、書面で作成等を行うこととされている場合でも、主務省令で定めることで、パソコン等を利用して作成した電磁的記録で行うことができることが定められています。

　作成等のデジタル化に関しても、デジタル手続法に基づく主務省令にどのような内容が定められているのか、厚生労働省の主務省令の規定ぶりの例を見てみます。

▼ **厚生労働省の所管する法令に係る情報通信技術を活用した行政の推進等に関する法律施行規則**

> （作成等の方法）
> 第13条　行政機関等は、法第9条第1項の規定により電磁的記録の作成等をする場合においては、当該書面等に記載すべき又は記載された事項を行政機関等の使用に係る**電子計算機に備えられたファイルへ記録する方法又は磁気ディスク（これに準ずる方法により一定の事項を確実に記録しておくことができる物を含む。）をもって調製する方法**により作成等を行うものとする。

　具体的な作成・保存の方法として、行政機関の使用するパソコンのファイルに記録する方法と、磁気ディスク等に記録する方法とが定められています。なお、「行政機関等の使用に係る」という規定ぶりは、外部のクラウドサービスを契約している場合なども含めて読むことができるものです。

　「作成等」は行政の内部の話ではありますが、行政機関が、登録簿や台帳などを書面で作成・保存することを定めている法律もそれなりにありますので、行政のデジタル化にとって重要な規定です。また、オンラインでの提供等を行う前提としても、書面の作成・保存をデジタル化しておくことは必要です。

デジタル手続法の適用除外

　最後に、適用除外について定めた第10条を見ておきたいと思います。デジタル手続法では、第6条から第9条で、申請や処分通知などのデジタル化を可能にするための定めが置かれていますが、デジタル化が適当でない手続や、個別の法令で独自にデジタル化が定められている手続については、第6条から第9条の規定を適用しないことが、第10条で定められています。

▼デジタル手続法（情報通信技術を活用した行政の推進等に関する法律）

> （適用除外）
> 第10条　次の各号に掲げる手続等については、当該各号に定める規定は、適用しない。
> 　一　手続等のうち、申請等に係る事項に虚偽がないかどうかを対面により確認する必要があること、許可証その他の処分通知等に係る書面等を事業所に備え付ける必要があることその他の事由により当該手続等を電子情報処理組織を使用する方法その他の**情報通信技術を利用する方法により行うことが適当でないもの**として政令（内閣の所轄の下に置かれる機関及び会計検査院にあっては、当該機関の命令）で定めるもの　　この節の規定
> 　二　申請等及び処分通知等のうち当該申請等又は処分通知等に関する**他の法令の規定において電子情報処理組織を使用する方法により行うことが規定されているもの**（第6条第1項又は第7条第1項の規定に基づき行うことが規定されているものを除く。）　第6条及び第7条の規定
> 　三　縦覧等及び作成等のうち当該縦覧等又は作成等に関する**他の法令の規定において情報通信技術を利用する方法により行うことが規定されているもの**（第8条第1項又は前条第1項の規定に基づき行うことが規定されているものを除く。）　第8条及び前条の規定

　まず、第10条第1号では、デジタル化が適当でない手続を適用除外としています。そのような手続の例示として「申請等に係る事項に虚偽がないかどうかを対面により確認する必要があること、許可証その他の処分通知等に係る書面等を事業所に備え付ける必要があること」が挙げられています。手続等の性質上、デジタル化がなじまないものと思ってもらえれば良いかと思います。

　次に、第2号と第3号では、個別の法令で独自にデジタル化が定められている手続について、適用除外としています。一見、なぜ適用が除外されるのか理由がわかりにくいかもしれませんが、すでに他の法令によってデジタル化がされていれば、あえてデジタル手続法で重ねてデジタル化を可能とする必要はありませんし、他の法令の下で、それぞれの手続の性質や行政事務の実態に即して、カスタマイズした形でデジタル化が導入されている場合には、それを尊重するという考え方になっています。

10 手数料などの支払いのキャッシュレス化は、どんな法律の仕組みで定められているの?

最近、自治体への支払いがスマホなどでもできるみたいだね

電子マネー、QRコード決済などによる、支払いのキャッシュレス化のための法整備が進んでいるよ

地方自治体の手数料などのキャッシュレス化

　現在、地方自治体の手数料などの支払いについては、現金、印紙などのほか、クレジットカードでの支払い、**電子マネー**(交通系ICカード、など)の利用、**QRコード決済**(○○ペイ、など)の方法によることができますが、いずれも地方自治法に基づいて、キャッシュレス化が可能となっています。

　少し経緯を紹介すると、まず2006年の地方自治法改正で、**指定代理納付者制度**が設けられ、クレジットカードによる納付が可能となりました。その後、電子マネーなどでの支払いについても、電子マネー事業者を指定代理納付者に指定することで対応が可能という解釈が示されていましたが、2021年に、「指定代理納付者制度」が**指定納付受託者制度**に改められ、「電子情報処理組織を使用して行う指定納付受託者」などと明記されたことで、電子マネーやQRコード決済の方法が可能であることが明確化されています。

▼地方自治法

> (指定納付受託者に対する納付の委託)
> 第231条の2の2　普通地方公共団体の歳入(第235条の4第3項に規定する歳入歳出外現金を含む。以下「歳入等」という。)を納付しようとする者は、次の各号のいずれかに該当するときは、指定納付受託者(次条第1項に規定する指定納付受託者をいう。第2号において同じ。)に納付を委託することができる。
> 一　歳入等の納付の通知に係る書面で総務省令で定めるものに基づき納付しようとするとき。
> 二　**電子情報処理組織を使用して行う指定納付受託者**に対する通知で総務省令で定

> めるものに基づき納付しようとするとき。

▼地方自治法施行規則

> 第12条の2の4　地方自治法第231条の2の2第1号に規定する総務省令で定める
> ものは、歳入等（同条に規定する歳入等をいう。以下同じ。）の**納付の通知に係る書面**
> **であつてバーコードの記載があるもの**とする。
> 2　地方自治法第231条の2の2第2号に規定する総務省令で定めるものは、次に掲
> げる事項の通知とする。
> 　一　歳入等の納付の通知に係る書面の記載事項その他の当該歳入等を特定するため
> 　　に必要な事項
> 　二　次に掲げるいずれかの事項
> 　　イ　クレジットカードの番号及び有効期限その他当該**クレジットカードを使用す**
> 　　　**る方法**による決済に関し必要な事項
> 　　ロ　**電子情報処理組織を使用して番号、記号その他の符号を通知する方法**（イに
> 　　　規定する方法を除く。）による決済に関し必要な事項

地方自治法施行規則の第12条の2の4第1項では、バーコードの記載のある納付書での支払いについて定められています。そして、次の第2項の第2号のうち、イがクレジットカードでの支払い、ロが電子マネーやQRコード決済を想定した規定となっています。

こうした関係法令の規定を踏まえて、各自治体が条例等で定めることで、自治体の手数料などのキャッシュレス化が進められています。

キャッシュレス法による国への納付金のキャッシュレス化

国への納付金については、2022年に、国への納付金の支払い方法の多様化を進める**キャッシュレス法**が成立しました。この法律により、国に納める納付金について、クレジットカードや電子マネーでの支払い、コンビニでのキャッシュレスでの支払いなど、デジタルを活用したキャッシュレス化が可能となっています。

水道料金や自動車税などの比較的身近なものは、概ね地方自治体に対しての支払いですので、国への納付金と言われても、イメージが湧きにくいかもしれませんが、パスポートの交付や車検の際の手数料、交通反則金などが、国への納付金としてキャッシュレス法の対象となります。

キャッシュレス法の仕組みですが、デジタル手続法と同様に、各省庁にキャッシュレス化の裁量を与える「できる規定」になっています。

ある法律で現金納付による支払い方法が定められていると、その法律の下で定められる省令等では、（省令等は、法律の範囲内でしか定められませんので、）キャッシュレスの方法を定めることができませんが、キャッシュレス法ができたことで、そのような場合にも、キャッシュレス法の規定を根拠として、各省庁が省令等で定めれば支払いのキャッシュレス化ができるようになる、という仕組みです。

　具体的な条文は以下のようになっています。

▼キャッシュレス法（情報通信技術を利用する方法による国の歳入等の納付に関する法律）

（指定納付受託者に委託して納付する方法による納付の実施）

第4条　各省各庁は、**歳入等の納付で主務省令で定めるものについては、次条の規定により指定納付受託者（第8条第1項に規定する指定納付受託者をいう。以下この章において同じ。）に当該歳入等の納付を委託して納付する方法により当該歳入等の納付を行わせることができる。**この場合において、当該歳入等の納付に関する他の法令の規定において収入印紙をもってすることその他の当該歳入等の納付の方法が規定されているものについては、当該他の法令の規定は、適用しない。

（指定納付受託者に対する納付の委託）

第5条　各省各庁が前条前段に規定する方法により歳入等の納付を行わせる場合において、当該方法により歳入等を納付しようとする者は、次の各号のいずれかに該当する方法により、当該歳入等の納付を指定納付受託者に委託しなければならない。

　一　電子情報処理組織を使用する方法その他の情報通信技術を利用する方法により次に掲げる事項を指定納付受託者に通知する方法（当該歳入等の徴収又は収納を行う各省各庁を通じて通知する方法を含む。）

　　イ　当該納付に係る歳入等を特定するものとして主務省令で定める事項

　　ロ　当該納付をしようとする者に付与された番号、記号その他の符号その他の指定納付受託者が当該歳入等の納付の委託を受けるために必要な事項であって主務省令で定めるもの

　　ハ　その他主務省令で定める事項

　二　歳入等の納付に係る書面（前号イに掲げる事項及びバーコードその他の情報通信技術を利用するための符号が記載されたものに限る。）で主務省令で定めるものを指定納付受託者に提示する方法

　第5条の第1号がオンラインなどでの支払いを想定した規定で、第2号がバーコードの記載のある納付書での支払いを想定した規定となっています。

　これらの規定を踏まえて、各省庁が省令等でより具体的な事項等を定めることで、納付金の支払いのキャッシュレス化が可能となります。

地方税統一QRコードを活用した地方税の納付（2023年〜）

　地方税の納付については、以前からeLTAXを通じた電子納付が可能となっていましたが、2023年4月から、地方税統一QRコード（eL-QR）を活用した地方税の納付が開始されました。

　具体的には、固定資産税や自動車税などについて、地方自治体から送付される納付書に付されたQRコードを読み取ることで、eLTAX内の特設サイトや、○○ペイなどの決済アプリを通じたキャッシュレス納付ができる仕組みとなっています。

　なお、eLTAXとは、**地方税共同機構**が運営する地方税共通納税システムのことです。地方税法第747条の6で、eLTAXを利用して行う納付（「特定徴収金の収納」）については、地方自治体が地方税共同機構に行わせることが定められています。

▼**地方税法**

> （特定徴収金の収納の特例）
> 第747条の6　地方団体は、**特定徴収金の収納の事務については、政令で定めるところにより、機構に行わせる**ものとする。
> 2　前項の「特定徴収金」とは、地方税に係る地方団体の徴収金のうち、納税義務者又は特別徴収義務者が総務省令で定める方法により納付し、又は納入するものをいう。

　なお、地方税以外の公金納付のデジタル化の在り方について、2023年の規制改革実施計画（令和5年6月16日閣議決定）では、「地方公共団体が公金納付にeLTAXを活用することができるようにするため、民間事業者や地方公共団体等からの意見を踏まえつつ、令和6年通常国会において、所要の立法措置を講ずることを目指す」ことなどが盛り込まれており、今後、さらに地方自治体でのキャッシュレス化が進展してくことが見込まれます。

用語の解説

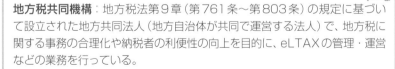

地方税共同機構：地方税法第9章（第761条〜第803条）の規定に基づいて設立された地方共同法人（地方自治体が共同で運営する法人）で、地方税に関する事務の合理化や納税者の利便性の向上を目的に、eLTAXの管理・運営などの業務を行っている。

11 公金受取のキャッシュレス化は、どんな法律の仕組みで定められているの？

給付金の申請や受取でも、デジタル化が進んでいるみたいだね

給付金などの受取がスムーズに進むよう、公金受取口座の登録制度が定められているよ

公金受取口座登録制度

補助金や給付金などの公的機関から国民等への支払いは、通常、銀行口座への振込で行われていて、キャッシュレス化のための法律やルールもすでに整備されているわけですが、事前の銀行口座の登録のための手続で、専用の用紙に署名・押印が求められたり、通帳の写しの提出が必要だったりと、大変煩雑なものとなっている側面もあります。

このように煩雑な手続負担を解消して、迅速な給付が行われるようにするため、**公金受取口座登録制度**を創設する**公金受取口座登録法**（公的給付の支給等の迅速かつ確実な実施のための預貯金口座の登録等に関する法律）が、2021年に制定されました。公金受取口座登録制度では、マイナポータルから、銀行口座の情報をマイナンバーとともにあらかじめ登録しておくことで、緊急時の給付金や児童手当などの公金給付に、登録口座を利用することが可能となります。

公金受取口座法の目的と口座登録に関する条文は、以下のようになっています。

▼公金受取口座登録法（公的給付の支給等の迅速かつ確実な実施のための預貯金口座の登録等に関する法律）

（目的）
第1条　この法律は、各行政機関の長等が行う公的給付の支給等に係る金銭の授受に利用することができる預貯金口座を、**内閣総理大臣にあらかじめ登録し、当該行政機関の長等が当該金銭の授受をするために当該預貯金口座に関する情報の提供を求**

> めることができることとするとともに、特定公的給付の支給を実施するための基礎
> とする情報について個人番号を利用して管理できることとする等により、公的給付
> の支給等の迅速かつ確実な実施を図ることを目的とする。
>
> （登録）
> 第3条　預貯金者は、公的給付の支給等に係る金銭の授受に利用することができる1
> の預貯金口座について、登録を受けることができる。
>
> （公的給付支給等口座登録簿に関する情報の提供の要求）
> 第9条　行政機関の長等は、公的給付の支給等に係る金銭の授受をするために必要が
> あるときは、内閣総理大臣に対し、公的給付支給等口座情報の提供を求めることが
> できる。

　第1条では、公金受取のための口座の情報を事前に国に登録しておくことで、行政機関が登録された公金受取口座の情報を給付金等の支給の際に利用することができるようにする、というこの法律の目的が定められています。

　また、第9条は、この公金受取口座登録制度の下で、マイナポータルにすでに登録されている公金受取口座の情報を、地方自治体が利用できるようにデジタル庁から提供する仕組みが定められています。個人が登録した公金受取口座の情報は、デジタル庁で運用しているマイナポータルで登録・管理することとなりますが、実際に給付金の支給の事務を担当するのは各地方自治体ですので、このようにデジタル庁から地方自治体への情報提供ができるようにするための仕組みが設けられているわけです。

　申請を行う国民等にとっては、申請書への口座情報の記載や通帳の写しの添付などが不要となりますし、申請の受け手となる地方自治体の側では、口座情報の確認作業等が不要になるというメリットがあります。

　なお、公金受取口座の登録に使われる**マイナポータル**とは、デジタル庁が運営しているオンラインサービスの窓口のことで、そのシステムは、様々な行政手続のオンライン手続などで利用されています。

災害時などの給付金を迅速・確実に支給するための仕組み

　公金受取口座登録制度は、コロナ禍での**特別定額給付金**の支給の際の経験を踏まえ創設されたという経緯があります。

　コロナ禍での経済対策として2020年に支給が開始された一人当たり10万円の

特別定額給付金の支給については、マイナポータルを利用した申請も可能で、これを利用した場合には、従来の給付金の手続きと比べて、申請に要する時間は大幅に短縮されました。一方で、申請から給付までの手続全体のデジタル化が十分でなかったことや、対面・書面を前提とした行政運営などにより、迅速な給付等に支障が出たケースも数多く指摘されました。また、給付金の10万円を振り込むための委託費に莫大な費用がかかったことなども問題となりましたので、記憶されている方も多いのではないかと思います。

　こうした経緯を踏まえ、公金受取口座登録法では、災害時などの**特定公的給付**に関する制度が定められています。

　具体的には、ある給付金について、内閣総理大臣（実務はデジタル庁）が「特定公的給付」として指定することで、指定された給付金の事務を地方自治体等が行う際に、マイナンバーを使った情報連携による所得情報等の確認などが可能となり、課税証明書等の添付書類の省略などが可能となります。

　具体的な条文は、以下のようになっています。

▼**公金受取口座登録法（公的給付の支給等の迅速かつ確実な実施のための預貯金口座の登録等に関する法律）**

（特定公的給付の支給を実施するための基礎とする情報の管理）
第10条　行政機関の長等は、特定公的給付（個別の法律の規定によらない公的給付の**うち、国民生活及び国民経済に甚大な影響を及ぼすおそれがある災害若しくは感染症が発生した場合に支給されるもの又は経済事情の急激な変動による影響を緩和するために支給されるものとして内閣総理大臣が指定するもの**をいう。）の支給を実施しようとするときは、支給要件の該当性を判定する必要がある者に係る当該**判定に必要な情報その他の当該支給を実施するための基礎とする情報を個人番号を利用して管理することができる。**

　特定公的給付の定義はカッコ内にありますが、
①国民生活及び国民経済に甚大な影響を及ぼすおそれがある災害若しくは感染症が発生した場合に支給されるもの 又は
②経済事情の急激な変動による影響を緩和するために支給されるものを
　内閣総理大臣が特定公的給付として指定することとされています。

　特定公的給付の支給の判定に必要な情報について、マイナンバーを利用し管理することで、課税証明等の添付書類が省略できるというメリットについては先ほど述べましたが、マイナンバーを利用する仕組みを利用することで、当事者から

の申請がなくても行政側から対象者を特定することも可能となりますので、更に進んだ利用方法としては、いわゆる「プッシュ型」の給付の実施での利用なども想定されています。

マイナンバー制度による、行政機関の間での情報連携

マイナンバーを利用した情報連携について、前の項で少し触れましたが、マイナンバー制度による行政機関の間での情報連携の根拠については、マイナンバー法第19条第8号に規定が置かれており、法律でマイナンバーの利用が認められている事務について、「情報照会者」や「必要な特定個人情報」などを主務省令に規定することで情報連携が可能となっています。

なお、この情報連携についての第19条第8号は、2023年のマイナンバー法改正で、マイナンバーを用いた情報連携開始の迅速化に向けた改正が行われています。具体的には、改正前のマイナンバー法では、法律の別表第2に、「情報照会者」「事務」「情報提供者」「特定個人情報業務」が列挙されていましたが、改正後は、この別表第2の内容を省令で定めることとされています。言い換えると、改正前は、「誰が、どの事務で、誰に、マイナンバーを利用して何の情報を照会できるか」を定めるために、マイナンバー法の別表を改正しなければならなかったわけですが、改正後は、法律改正でなく省令改正で済むようになりますので、新たに行政機関間の情報連携が必要となる場合などに、より迅速な対応が可能となります。マイナンバー法等の一部を改正する法律は、2023年6月9日に公布されていますが、施行日は、(一部の規定を除き)「公布日から1年6月以内の政令で定める日」とされています。

このほか、地方自治体の条例で定める事務についてもマイナンバーを利用した情報連携が可能で、マイナンバー法第19条第9号に関係の規定が置かれています。

用語の解説

特別定額給付金:「新型コロナウイルス感染症緊急経済対策」(令和2年4月20日閣議決定)を踏まえ、家計への支援を行うために、給付対象者1人につき10万円を支給するもの。感染拡大防止の観点から、給付金の申請は、郵送またはマイナポータルからのオンライン申請方式が基本とされた。

12 行政機関の情報システムの整備は、どんな法律の仕組みで定められているの？

マイナポータルやe-taxなど、行政で運営している情報システムがいろいろあるね

行政機関の情報システムの整備は、関係法律の定めを踏まえて、計画的に進められているよ

国の行政機関の情報システムの整備

　デジタル手続法の第4条、第5条には、**情報システム整備計画**に関する規定が置かれています。この「情報システム整備計画」は、国の行政機関等の情報システムの整備を総合的・計画的に実施するために定めるもので、その策定は、デジタル庁の重要な業務の一つとなっています。

▼デジタル手続法（情報通信技術を活用した行政の推進等に関する法律）

（情報システム整備計画）
第4条　政府は、情報通信技術を利用して行われる手続等に係る国の行政機関等の情報システム（次条第4項を除き、以下単に「情報システム」という。）の整備を総合的かつ計画的に実施するため、情報システムの整備に関する計画（以下「情報システム整備計画」という。）を作成しなければならない。

（国の行政機関等による情報システムの整備等）
第5条　国の行政機関等は、情報システム整備計画に従って情報システムを整備しなければならない。

　また、**デジタル庁設置法**では、国の行政機関等の情報システム整備計画の作成・推進の業務に加え、国の行政機関が行う情報システムの整備・管理に関する事業の統括・監理に関する業務についても、デジタル庁の所掌事務として定められています。

（所掌事務）
第4条
2　デジタル庁は、前条第2号の任務を達成するため、次に掲げる事務をつかさどる。
　十六　情報システム整備計画（情報通信技術を活用した行政の推進等に関する法律
　　　第4条第1項に規定する情報システム整備計画をいう。第18号イ及びハにおいて
　　　同じ。）の作成及び推進に関すること。
　十七　国の行政機関が行う情報システムの整備及び管理に関する行政各部の事業を
　　　統括し及び監理すること。

　この第4条第2項の第17号では、国の行政機関の情報システムの整備について
は、デジタル庁が、行政各部の事業を統括・監理することとされており、デジタル
庁が情報システムの整備についても司令塔的機能を果たすことが定められていま
す。

国の情報システム予算の一括計上

　先ほど述べたとおり、国の行政機関の情報システム整備については、デジタル
庁が行政各部の事業の統括・管理をすることが法律上定められていますが、そう
したデジタル庁の司令塔的機能が実効性のあるものとなるように、**情報システム
予算**をデジタル庁に一括計上し、各府省に配分して執行するという仕組みも設け
られています。
　このような情報システム予算の一括計上の仕組みは、デジタル庁設置法第4条
第2項の第18号に定められています。

▼デジタル庁設置法

（所掌事務）
第4条　（略）
2　デジタル庁は、前条第2号の任務を達成するため、次に掲げる事務をつかさどる。
　十八　国の行政機関が行う情報システム（国の安全等に関するものその他の政令で
　　　定めるものを除く。以下この号において同じ。）の整備及び管理に関する事業を、
　　　次に定めるところにより、実施すること。
　　イ　国の行政機関が行う情報システムの整備及び管理に関する事業に必要な予算
　　　を、第15号の方針及び情報システム整備計画に基づき、一括して要求し、確保
　　　すること。
　　ロ　国の行政機関が行う情報システムの整備及び管理に関する事業の実施に関す
　　　る計画を定めること。
　　ハ　国の行政機関が行う情報システムの整備及び管理に関する事業について、第
　　　15号の方針及び情報システム整備計画に基づき当該事業の全部若しくは一部

> を自ら執行し、又は関係行政機関に、予算を配分するとともに、同号の方針及び
> 情報システム整備計画並びにロの計画その他必要な事項を通知することによ
> り、当該通知の内容に基づき当該事業の全部若しくは一部を当該事業に係る支
> 出負担行為の実施計画に関する書類の作製を含め執行させること。

　かなり細かいことまで法律で書かれているんだなという印象かもしれません
が、いずれにしても、**情報システム整備計画**の策定と**情報システム予算**の一括計
上という仕組みの下で、国の行政機関の情報システム整備については、政府全体
の方針に沿った戦略的な投資が行えるようになっていることがおわかりいただけ
るかと思います。

　なお、デジタル庁の強力な司令塔的機能という場合、各省庁に対する勧告権が
挙げられることがありますが、この勧告権については、デジタル庁設置法第8条に
定められています。

▼デジタル庁設置法

> （デジタル大臣）
> 第8条　デジタル庁に、デジタル大臣を置く。
> 5　**デジタル大臣は、第4条第1項に規定する事務の遂行のため特に必要があると認
> めるときは、関係行政機関の長に対し、勧告することができる。**この場合において、
> 関係行政機関の長は、当該勧告を十分に尊重しなければならない。
> 6　デジタル大臣は、前項の規定により関係行政機関の長に対し勧告したときは、当該
> 関係行政機関の長に対し、その勧告に基づいてとった措置について報告を求めるこ
> とができる。
> 7　デジタル大臣は、第5項の規定により勧告した事項に関し特に必要があると認める
> ときは、内閣総理大臣に対し、当該事項について内閣法第6条の規定による措置がと
> られるよう意見を具申することができる。

　デジタル庁の司令塔機能については、各省庁に対して十分に総合調整権限を持
つよう、内閣直属の組織として設置した上で、勧告権を持つデジタル大臣を置く
こととされていることがわかります。なお、余談ですが、デジタル庁の長は、デジ
タル大臣ではなく、内閣総理大臣となっています。

地方自治体、準公共部門等の情報システムの整備・管理

　ここまで、国の行政機関の情報システム整備に関するデジタル庁の権限を見てきましたが、デジタル庁では、地方自治体や準公共部門などの情報システムの整備・管理に関しても、基本的な方針を定めることとされています。

▼デジタル庁設置法

（所掌事務）
第4条　（略）
2　デジタル庁は、前条第2号の任務を達成するため、次に掲げる事務をつかさどる。
　十五　国の行政機関、**地方公共団体その他の公共機関及び公共分野の民間事業者**の
　　　情報システムの整備及び管理の基本的な方針の作成及び推進に関すること。

1

　この規定に基づいて、デジタル庁において、国、地方自治体、準公共部門等の「情報システムの整備・管理の基本的な方針」が2021年12月に策定されています。
　この整備方針では、「デジタル庁自身が、特に以下の4つの領域に注力し旧来の課題を解消するとともに、国・地方公共団体・独立行政法人等の関係者が効果的に協働できるようにする」とされています。

　　デジタル庁が注力する4つの領域
　　1. 良いサービスを作るための「標準」の策定・推進
　　2. 良いサービスを支える「共通機能」の整備・展開
　　3. 緻密な改善を実現する「体制」強化
　　4. 推進力を強化するための「ガバナンス手法」の見直し

　この4つの領域のうち、2の「共通機能」の整備・展開については、ガバメントクラウドの利用や、データの再利用のためのベースレジストリの整備、各行政サービスの認証方法の統一などの内容が含まれています。
　また、特に地方自治体の情報システムについては、基幹業務システムの標準化と、ガバメントクラウドの活用を図ることが記載されています。地方自治体の情報システムについては、節を改めて説明したいと思いますが、2016年に制定された官民データ活用推進基本法においても、横断的なデータ利用の観点から、国・自治体等の情報システム相互の連携等についての規定が置かれていたところです。

▼官民データ活用推進基本法

> （情報システムに係る規格の整備及び互換性の確保等）
>
> 第15条　国及び地方公共団体は、官民データ活用に資するため、相互に連携して、自らの情報システムに係る規格の整備及び互換性の確保、業務の見直しその他の必要な措置を講ずるものとする。
>
> 2　国は、多様な分野における横断的な官民データ活用による新たなサービスの開発等に資するため、**国、地方公共団体及び事業者の情報システムの相互の連携を確保するための基盤の整備**その他の必要な措置を講ずるものとする。

　策定された整備方針の内容を見ると、以前から指摘されていた課題への対応など、これまでの経緯が踏まえられた内容となっていることが見て取れると思います。

13 地方自治体の情報システムが標準化されると聞いたのだけど、どんな仕組みなの？

地方自治体のシステムがバラバラだから標準化するって聞いたけど、何が起きるんだろう？

自治体システム標準化法を踏まえて、基幹的なシステムの標準化やガバメントクラウドへの移行が進められるよ

地方自治体の情報システム標準化の基本方針

　地方自治体の情報システムについては、それぞれの自治体がシステムを導入する際に、個別のカスタマイズ等を行ってきたことが、情報の連携やクラウドの共同利用などを妨げる要因となっていると指摘されてきました。こうした課題に対応するため、地方自治体の基幹的な業務の情報システムについて、必要な機能などの基準を策定し、自治体のシステムの標準化を推進するための法律として、**自治体システム標準化法**（地方公共団体情報システムの標準化に関する法律）が、2021年に制定されました。

　この自治体システム標準化法では、政府が、地方自治体の情報システムの標準化に関する基本的な方針を定めることとされています。

▼自治体システム標準化法（地方公共団体情報システムの標準化に関する法律）

第5条　政府は、地方公共団体情報システムの標準化の推進を図るための基本的な方針（以下この条において「基本方針」という。）を定めなければならない。
2　基本方針には、次に掲げる事項を定めるものとする。
　一　地方公共団体情報システムの標準化の意義及び目標に関する事項
　二　地方公共団体情報システムの標準化の推進のために政府が実施すべき施策に関する基本的な方針
　三　各地方公共団体情報システムに共通する基準を定めるべき次に掲げる事項に関する基本的な事項
　　イ　電磁的記録において用いられる用語及び符号の相互運用性の確保その他の地方公共団体情報システムに係る互換性の確保に係る事項

ロ　サイバーセキュリティに係る事項

ハ　クラウド・コンピューティング・サービス関連技術を活用した地方公共団体情報システムの利用に係る事項

ニ　イからハまでに掲げるもののほか、各地方公共団体情報システムに共通する基準を定めるべき事項

四　次条第1項及び第7条第1項の基準（以下「標準化基準」という。）の策定の方法及び時期その他の標準化基準の策定に関する基本的な事項

五　前各号に掲げるもののほか、地方公共団体情報システムの標準化の推進に関し必要な事項

3　内閣総理大臣、総務大臣及び所管大臣（標準化対象事務に係る法令又は事務を所管する大臣をいう。以下この条及び次条において同じ。）は、基本方針の案を作成し、閣議の決定を求めなければならない。

4　内閣総理大臣、総務大臣及び所管大臣は、基本方針の案を作成しようとするときは、あらかじめ、関係行政機関の長に協議するとともに、都道府県知事、市長又は町村長の全国的連合組織（地方自治法（昭和22年法律第67号）第263条の3第1項に規定する全国的連合組織で同項の規定による届出をしたものをいう。）その他の関係者の意見を聴かなければならない。

この条文の第4項では、内閣総理大臣（実務はデジタル庁）、総務大臣、標準化対象事務の所管大臣が、関係行政機関の長に協議し、地方3団体から意見聴取の上、基本方針を閣議決定することとされています。この規定に基づいて、2022年10月に、「地方公共団体情報システム標準化基本方針」が閣議決定されています。

詳細については、基本方針の本文を参照いただきたいと思いますが、スケジュールや目標としては、以下のような内容が定められています。

移行期間：2025年度までに、ガバメントクラウドを活用した標準準拠システムへの移行を目指す

情報システムの運用経費等：平成30年度（2018年度）比で少なくとも3割の削減を目指す

標準化の対象となる基幹業務のシステム

実際に標準化の対象となるシステムについては、自治体システム標準化法の第2条で、「処理の内容が各地方自治体に共通し……住民の利便性の向上及び……行政運営の効率化に寄与する事務」という考え方が示された上で、政令で定めることとされています。

具体的な条文は、以下のようになっています。

▼自治体システム標準化法 (地方公共団体情報システムの標準化に関する法律)

（定義）
第2条　この法律において「地方公共団体情報システム」とは、地方公共団体が利用する情報システムであって、情報システムによる**処理の内容が各地方公共団体において共通し**、かつ、統一的な基準に適合する情報システムを利用して処理することが**住民の利便性の向上及び地方公共団体の行政運営の効率化に寄与する事務**として政令で定める事務 (以下「標準化対象事務」という。) の処理に係るものをいう。

この規定を受けて、標準化対象事務を定める政令で17の事務が列挙されましたが、その後、これらの事務に附帯する事務なども掲げられるようになっているため、政令の規定ぶりを見ただけでは、対象となる業務の範囲がよくわからなくなっています。

よく「標準化の対象となる20業務」という言われ方をすることがありますが、具体的には、児童手当、子ども・子育て支援、住民基本台帳、戸籍の附票、印鑑登録、選挙人名簿管理、固定資産税、個人住民税、法人住民税、軽自動車税、戸籍、就学、健康管理、児童扶養手当、生活保護、障害者福祉、介護保険、国民健康保険、後期高齢者医療、国民年金の20業務となっています。

ガバメントクラウドへの移行

先ほど述べたとおり、「地方公共団体情報システム標準化基本方針」では、地方自治体の基幹業務システムについて、2025 年度までに、**ガバメントクラウド**を活用した標準準拠システムへの移行を目指すこととされていますが、ガバメントクラウドに関しては、自治体システム標準化法の第10条にも、自治体によるクラウドの利用が努力義務として定められています。

▼自治体システム標準化法 (地方公共団体情報システムの標準化に関する法律)

（クラウド・コンピューティング・サービス関連技術の活用）
第10条　地方公共団体は、デジタル社会形成基本法第29条に規定する国による環境の整備に関する措置の状況を踏まえつつ、当該環境において**クラウド・コンピューティング・サービス関連技術を活用して地方公共団体情報システムを利用するよう努める**ものとする。

また、自治体システム標準化法と同時に制定された、デジタル社会形成基本法

においては、自治体がクラウドを利用できるようにするための国による環境整備について定められています。

▼デジタル社会形成基本法

> （国及び地方公共団体の情報システムの共同化等）
>
> 第29条　デジタル社会の形成に関する施策の策定に当たっては、公共サービスにおける国民の利便性の向上を図るとともに、行政運営の簡素化、効率化及び透明性の向上に資するため、行政の内外の知見を集約し、及び活用しつつ、国及び地方公共団体の情報システムの共同化又は集約の推進（**全ての地方公共団体が官民データ活用推進基本法第2条第4項に規定するクラウド・コンピューティング・サービス関連技術に係るサービスを利用することができるようにするための国による環境の整備を含む。**）、個人番号の利用の範囲の拡大その他の国及び地方公共団体における高度情報通信ネットワークの利用及び情報通信技術を用いた情報の活用を積極的に推進するために必要な措置が講じられなければならない。

　このように、ガバメントクラウドの利用については、関係する法律の規定も踏まえて推進されているものであることがわかります。

　順番が後先になりましたが、**ガバメントクラウド**とは、デジタル庁が整備する政府共通のクラウドサービスの利用環境のことです。各省庁の情報システムでクラウドサービスの利用を検討する場合には、原則としてガバメントクラウドの活用を検討することとされています。

　なお、ガバメントクラウドの対象となるクラウドサービスの決定については、デジタル庁が公募の際に提示したクラウドサービスに求める要件を満たす全てのクラウドサービス事業者と契約を締結することとされており、クラウドサービスの一覧はデジタル庁のホームページで公表されています。

第2章
民間での取引や手続に関する法制度

電子契約は、通常の契約と比べて、何が違うの？

電子契約ってよく聞くけど、通常の契約と何か違うの？

電子契約も契約という意味では変わらないけど、その特性に応じて考慮すべきことも変わってくるよ。まずは電子契約の特徴や契約書を作成する契約との異同を理解することが大切だよ

電子契約の成立要件

　電子契約は、一般には、書面によらず電磁的記録によって締結する契約のことをいいます。電子契約も書面による契約もその成立要件に違いはありません。すなわち、当事者双方の意思表示が合致することによって契約が成立します。例えば「100円のこの商品を買いたい」という意思表示（**申込み**）と、「売ってよい」という意思表示（**承諾**）が合致することで、契約が成立します（民法第522条第1項）。意思表示が合致すれば、口頭のみでも電磁的記録のみでも、契約は成立します。ここには**契約自由の原則**という考え方が深く関わっています。すなわち、契約は社会生活や事業活動の基盤になるものですから、なるべく個人の意思を尊重し、当事者間で結ばれた契約に国家は干渉せず、その内容を尊重しなければならないという原則です（民法第521条、第522条第2項）。この原則の一つの表れとして、契約の成立には特別の方式の具備を要しないとされており（**方式の自由**、民法第522条第2項）、契約書を作成しなくとも口頭でも、電子メールのやり取りでも、契約を締結することができるのです。

▼民法

（契約の締結及び内容の自由）
第521条　何人も、法令に特別の定めがある場合を除き、契約をするかどうかを自由

に決定することができる。

2　契約の当事者は、法令の制限内において、契約の内容を自由に決定することができる。

（契約の成立と方式）

第522条　契約は、契約の内容を示してその締結を申し入れる意思表示（以下「申込み」という。）に対して相手方が承諾をしたときに成立する。

2　契約の成立には、法令に特別の定めがある場合を除き、書面の作成その他の方式を具備することを要しない。

高度情報通信社会を前提とした契約の成立時期に関する規定の整備

　電子契約の成立時期について、平成13年に成立した**電子消費者契約法**（電子消費者契約及び電子承諾通知に関する民法の特例に関する法律）が、特別の規定を定めていました。まず、通常の契約の成立時期については、平成29年の改正（民法の一部を改正する法律（平成29年法律第44号）による、いわゆる債権法改正）前の民法に次のような規定が置かれていました。すなわち、意思表示は相手方に到達した時に効力を生ずるのが原則（**到達主義**、民法第97条第1項）のところ、隔地者間の契約については、契約の申込みを受けた者が承諾の通知を発したときに成立するというものです（**発信主義**、債権法改正前の民法第526条第1項）。これは、隔地者間では意思表示の到達に時間がかかるため、早期に契約を成立させ、承諾者にその履行の準備を開始させることが取引の迅速性の要請を充たすという考えによるものです。しかし、承諾の通知が発せられた段階では、申込者は契約の成立を知らないため、不測の損害を被るおそれがありました。また、例えば電子契約のようにインターネット上で承諾の通知を発する場合、瞬時に相手方に到達するため、あえて申込者にリスクを負わせてまで発信主義を採る意義は乏しくなりました。そこで、電子消費者契約法は、主に電子契約を念頭に、インターネット等の電子的方法により承諾の通知を発する場合には、通知が到達した時点で契約が成立することとしたのです。

　なお、その後の平成29年**債権法改正**により、高度な通信手段が整備された現代社会においては、電子的方法による場合以外にも発信主義を維持する意義は乏しいと考えられたため、契約全般について、承諾の通知が申込者に到達した時点で契約が成立することとされました（これにより、電子消費者契約法のうち契約の成

立時期に関する規定は削除され、法律の正式名称も**電子消費者契約に関する民法の特例に関する法律**に変更されました)。

▼民法

（意思表示の効力発生時期等）
第97条　意思表示は、その通知が相手方に到達した時からその効力を生ずる。

電子契約の特徴

　まず電子契約の定義について、実は一般的な法的定義はありませんが、以下のように各法律の目的に沿って規定されている例があります。

▼電子委任状の普及の促進に関する法律

（定義）
第2条
2　この法律において「**電子契約**」とは、事業者が一方の当事者となる契約であって、電子情報処理組織を使用する方法その他の情報通信の技術を利用する方法により契約書に代わる電磁的記録が作成されるものをいう。

▼電子消費者契約法（電子消費者契約に関する民法の特例に関する法律）

（定義）
第2条　この法律において「**電子消費者契約**」とは、消費者と事業者との間で電磁的方法により電子計算機の映像面を介して締結される契約であって、事業者又はその委託を受けた者が当該映像面に表示する手続に従って消費者がその使用する電子計算機を用いて送信することによってその申込み又はその承諾の意思表示を行うものをいう。

▼電子計算機を使用して作成する国税関係帳簿書類の保存方法等の特例に関する法律

（定義）
第2条　この法律において、次の各号に掲げる用語の意義は、当該各号に定めるところによる。
　五　**電子取引**　取引情報（取引に関して受領し、又は交付する注文書、契約書、送り状、領収書、見積書その他これらに準ずる書類に通常記載される事項をいう。以下同じ。）の授受を電磁的方式により行う取引をいう。

次に、電子契約は、契約の成立要件や成立時期について、他の契約と異なるところはありませんが、書面の契約書を取り交わす契約と比べて、次のような特徴があるといえます。

迅速性　インターネット上で承諾の通知を発すると瞬時に相手方に届くように、書面を取り交わす場合と比較して迅速な取引が可能となります。他方で、うっかり意図しない契約をしてしまうリスクもあるといえます。

コストの低減　保管スペースや厳重な保管のための金庫が不要になるなど保管・管理コストが低減することに加え、現状、印紙税が課税されません。

なりすまし・改ざんの容易性　契約書を取り交わす場合、契約当事者の事業所や住所地で対面で本人確認をし、書面に署名押印を行います。これと比較すると電子契約は、契約相手が本人になりすますことや、契約締結後にデータの改ざんを行うことが相対的に容易といえます。そのため、電子契約を安心して利用するには、なんらかの手当が必要となります。

2

このように電子契約は、契約書による契約とは違う特徴を持っていますが、現行法は必ずしも電子契約を前提として規定されているわけではありませんから、現行法の解釈適用にあたって、不明確な場合が出てきます。他方で、特にインターネットを利用した電子商取引は頻繁に利用されており技術発展に伴って形態も多様化しています。そこで、平成14年に策定された**「電子商取引及び情報財取引等に関する準則」**（策定時の名称は「電子商取引等に関する準則」。直近の改訂は令和4年4月）が、電子商取引等をめぐる様々な論点に関して、現行法の解釈が不明確な点について、一定の考え方を示しています。

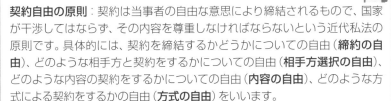

用語の解説

契約自由の原則：契約は当事者の自由な意思により締結されるもので、国家が干渉してはならず、その内容を尊重しなければならないという近代私法の原則です。具体的には、契約を締結するかどうかについての自由（**締約の自由**）、どのような相手方と契約をするかについての自由（**相手方選択の自由**）、どのような内容の契約をするかについての自由（**内容の自由**）、どのような方式による契約をするかの自由（**方式の自由**）をいいます。

2 電子契約において、消費者を保護するための仕組みがあるの？

電子契約は確かに便利そうだけど、手軽に契約できてしまう怖さもあるね。うっかりボタンを押して高額な契約を結んでしまったりしたらどうしよう…

電子契約においても消費者を保護するためのさまざまなルールが設けられているよ

電子消費者契約法とは？

電子消費者契約法は、電子消費者契約において、誤って申込みをしてしまった消費者等を保護するための法律です。例えば、ECサイトで、注文する気がないのに誤って注文ボタンをクリックしてしまった場合、その意思表示は**錯誤**に基づくもので、取り消しが可能です（民法第95条第1項）。しかし、注文ボタンをクリックする行為が**重大な過失**によるものであった場合、取り消しができなくなります（民法第95条第3項）。誤ったクリック操作が重大な過失に当たるか否か一概にはいえませんが、事業者側がいつでも「重大な過失」を主張できるとすれば、消費者の円滑な救済はできなくなります。そこで、消費者が操作ミス等で誤って申込みをしてしまった場合に、その申込みが誤りでないかを確認する措置（確認画面の表示等）をとっていなければ、事業者は「重大な過失」の主張をできないこととされました。

▼民法

> （錯誤）
> 第95条　意思表示は、次に掲げる錯誤に基づくものであって、その錯誤が法律行為の目的及び取引上の社会通念に照らして重要なものであるときは、取り消すことができる。
> 　一　意思表示に対応する意思を欠く錯誤
> 　二　表意者が法律行為の基礎とした事情についてのその認識が真実に反する錯誤

3　錯誤が表意者の重大な過失によるものであった場合には、次に掲げる場合を除き、第一項の規定による意思表示の取消しをすることができない。

一　相手方が表意者に錯誤があることを知り、又は重大な過失によって知らなかったとき。

二　相手方が表意者と同一の錯誤に陥っていたとき。

▼電子消費者契約法（電子消費者契約に関する民法の特例に関する法律）

（電子消費者契約に関する民法の特例）

第3条　民法第95条第3項の規定は、消費者が行う電子消費者契約の申込み又はその承諾の意思表示について、その意思表示が同条第1項第1号に掲げる錯誤に基づくものであって、その錯誤が法律行為の目的及び取引上の社会通念に照らして重要なものであり、かつ、次のいずれかに該当するときは、適用しない。ただし、当該電子消費者契約の相手方である事業者（その委託を受けた者を含む。以下同じ。）が、当該申込み又はその承諾の意思表示に際して、**電磁的方法によりその映像面を介して、その消費者の申込み若しくはその承諾の意思表示を行う意思の有無について確認を求める措置を講じた場合**又はその消費者から当該事業者に対して当該措置を講ずる必要がない旨の意思の表明があった場合は、この限りでない。

一　消費者がその使用する電子計算機を用いて送信した時に当該事業者との間で電子消費者契約の申込み又はその承諾の意思表示を行う意思がなかったとき。

二　消費者がその使用する電子計算機を用いて送信した時に当該電子消費者契約の申込み又はその承諾の意思表示と異なる内容の意思表示を行う意思があったとき。

取引デジタルプラットフォーム消費者保護法とは？

取引デジタルプラットフォーム（DPF）消費者保護法（取引デジタルプラットフォームを利用する消費者の利益の保護に関する法律）は、例えば「オンラインモールで購入した商品が表示と全く違うので返品したいが販売業者と連絡が取れない」、といったトラブルを防止したり、トラブルに遭った消費者を保護するための法律です。以下のような規定が置かれています。

まず、オンラインモール等の運営事業者（取引DPF提供者）に対し、次のような努力義務を課しました（取引DPF消費者保護法第3条）。

・販売業者と消費者との間の円滑な連絡を可能とするための措置を講ずること

・販売条件等の表示に関し消費者から苦情の申出を受けた場合に必要な調

査等を実施すること

・販売業者に対し必要に応じて身元確認のための情報の提供を求めること

・講じた措置の概要等の開示をすること

また、重要事項の表示に著しい虚偽・誤認表示がある商品等が出品され、かつ、その商品の販売業者を特定できないなど当該表示の是正を期待できない場合に、内閣総理大臣は、取引DPF提供者に対し、当該販売業者の出品削除等を要請することができると規定されました。要請に応じたことにより販売業者に損害が生じたとしても、取引DPF提供者は免責されます（取引DPF消費者保護法第4条）。

さらに、消費者が販売業者に対し損害賠償請求等を行う場合に必要な範囲で、販売業者の氏名又は名称、住所等の情報の開示を請求できる権利が創設されました（取引DPF消費者保護法第5条）。

利用規約に関するルール

インターネットサイトを利用する際の利用規約のように、現代では大量の取引を迅速かつ安定的に行うために、約款を用いることが必要不可欠となっています。この約款に関して、例えば、「**利用者が約款の内容をほとんど見ていない場合になぜ契約内容となるのか**」、「**約款内容が一方的に変更されることがあるが有効と言えるのか**」、等について規定しているのが、民法の定型約款に関する規定です。そこでは、定型約款を次のように定義しています（民法第548条の2第1項）。

定型約款　ある特定の者が不特定多数の者を相手方として行う取引であって、その内容の全部又は一部が画一的であることがその双方にとって合理的なもの（**定型取引**）において、契約の内容とすることを目的として特定の者により準備された条項の総体

具体的には、インターネットサイトを利用する際の利用規約のほか、インターネットを通じた物品売買の場合における購入約款、コンピュータソフトウェアのライセンス規約、インターネット以外の場面では鉄道の旅客運送取引における運送約款等が定型約款の例です。定型約款が用いられる定型取引というのは、不特定多数を相手方とするもので、相手方（利用者）は契約の細かな内容にいちいち関心を持たずに契約を締結することが通常である取引をいいます。「約款」という名

前がついていても、契約当事者間ごとに交渉を予定していたり、一部変更がありうるものは定型約款には該当しません。

　次に、定型約款による契約の成立について、民法は、**事前に定型約款を契約の内容とする旨を相手方に表示する等の要件を満たす場合には、個別の条項の内容について相手方が認識していなくとも、合意をしたものとみなす**とし、定型約款を利用した契約の成立要件を規定しました。もっとも、不当な条項が紛れ込んで当事者の一方が不当に不利益を被ることがないよう、例外も併せて規定されています（民法第548条の2）。

　定型約款の変更については、**利用者の同意がなくとも一方的に契約内容を変更できる要件**として次のとおり定めています（民法第548条の4）。

Ⅰ 実体的要件

　定型約款の変更が

① 相手方の一般の利益に適合するとき

② ⅰ 契約目的に反せず、

　　かつ

　　ⅱ 変更の必要性、変更後の内容の相当性、民法第548条の4の規定により定型約款の変更をすることがある旨の定めの有無及びその内容その他の変更に係る事情に照らして合理的なものであるとき

Ⅱ 手続的要件

　定型約款の効力発生時期を定め、かつ、変更をすること、変更後の内容、変更の効力発生時期をインターネットの利用その他の適切な方法により周知しなければならない。

　Ⅰ②の要件に基づく変更については、効力発生時期が到来するまでに上記の周知をしなければ、その効力を生じない。

　利用規約に関連するものとして、消費者契約法の令和4年改正で創設された規定についても簡単に説明します。例えば、利用規約に次のような条項があったとします。

　①法令に反しない限り、賠償限度額を○万円とする。

　消費者契約法では、事業者の賠償責任を制限する条項について、軽過失の場合

に全部の賠償責任を免除する条項や、故意・重過失の場合に一部でも責任を免除する条項を無効としています。したがって、たとえ上記のような条項があったとしても、事業者が故意・重過失の場合には、本来なら消費者は、賠償限度額を超えて損害賠償請求をできます。しかし、消費者にこのような法的知識が十分にあるとは限りませんから、上記①のような文言では、事業者の責任の範囲が不明確であり、消費者が本来請求可能な事業者に故意又は重大な過失がある場合の損害賠償請求が抑制されかねないという不当性があります。

　そこで、事業者の賠償責任を一部免除する条項について、軽過失の場合にのみ適用されることを明らかにしていない条項は無効とすることとされました。上記①の場合には無効になり、軽過失の場合でも賠償限度額の制限が適用されません（消費者契約法第8条第3項）。有効な条項とするには次の②のような文言にする必要があります。

> ② 事業者に故意又は重大な過失がある場合を除き、損害賠償責任は○○円を限度とする。

▼消費者契約法

（事業者の損害賠償の責任を免除する条項等の無効）

第8条

3　事業者の債務不履行（当該事業者、その代表者又はその使用する者の故意又は重大な過失によるものを除く。）又は消費者契約における事業者の債務の履行に際してされた当該事業者の不法行為（当該事業者、その代表者又はその使用する者の故意又は重大な過失によるものを除く。）により消費者に生じた損害を賠償する責任の一部を免除する消費者契約の条項であって、当該条項において事業者、その代表者又はその使用する者の重大な過失を除く過失による行為にのみ適用されることを明らかにしていないものは、無効とする。

3 署名・押印がない文書は、効力があるの？

やっぱりしっかりした文書には、署名又は押印がないと有効とは言えないんじゃないかな

やみくもに署名・押印を求めるのではなく、その意義にたちかえって、文書の性質や場面に応じて必要性を考えることが大切だよ

署名・押印の意義

署名とは、自己の作成した書類等にその責任を明らかにするために自己の氏名を自ら記載する行為をいいます。**押印**とは、書類等の作成者が作成者自身の意思によること又は作成者の責任を明らかにするために、作成者の印を押すことをいいます。日本ではあらゆる文書について、特に押印を求められることが多くありました。契約書にも署名又は押印をすることが通常です。では署名又は押印がなければ、契約は有効ではないのでしょうか？ 第1節で見たように、契約は当事者の意思の合致により成立しますから、特段の定めがない限り、契約書に署名や押印がなくても、契約は有効に成立します。

署名・押印の意義は、文書が作成者の意思に基づいて作成されたことを示す点にあります。民事訴訟では、文書を作成者の認識等を示したものとして証拠（書証）にするためには、その文書が、作成者とされている人（作成名義人）の意思に基づいて作成されたこと（**文書が真正に成立したこと**）を証明しなければならないと定められています（民事訴訟法第228条第1項）。そして、私文書は、本人の意思に基づく署名又は押印があるときは、文書が本人の意思に基づいて作成されたこと、すなわち真正に成立したものと推定されます（民事訴訟法第228条第4項）。このため、仮に裁判で、「その文書は自分が作成したものではない」などとして文書成立の真正が争われた場合でも、本人による署名又は押印があれば、証明の負担が

軽減されることになるのです。もっとも、この規定は、文書の真正な成立を推定するものではありますが、文書の内容が信用できるものであるかといった中身の問題はまた別の問題です。

▼民事訴訟法

（文書の成立）
第228条　文書は、その成立が真正であることを証明しなければならない。
4　私文書は、本人又はその代理人の署名又は押印があるときは、真正に成立したものと推定する。

押印に関する見直し

　新型コロナウイルス対策の中で、「押印のために出社する」ことについて、その不合理性や、テレワーク推進の障害となっているとの指摘がされました。そこで、令和2年6月19日、内閣府、法務省及び経済産業省の連名で、「**押印についてのQ&A**」が公表されました。これは、民間における押印慣行について、その見直しに向けた自律的な取組が進むよう、押印の現実的な意義やその代替手段について考え方を示したものです。以下簡単に紹介します。

　まず、本人による押印がなければ文書の真正な成立を証明できないわけではありません。そもそも文書の真正な成立を相手方が争わなければ証明の必要はありません。また、相手方が争ってきた場合で押印がない場合でも、文書の成立の真正は、文書の成立経緯を裏付ける資料など証拠全般に照らして判断されるため、押印以外の事情によって立証することは可能です。

　また、押印がある場合でも、民事訴訟法第228条第4項が適用されるためには、その押印が本人の意思に基づく押印であることを立証しなければなりません。その証明のために、印影と作成名義人の印章が一致することを立証する場合（いわゆる**二段の推定**における一段目の推定）、実印であれば印鑑証明書によって印影と作成名義人の印章が一致することを立証しやすいかもしれませんが、実印以外であればそれは困難です。3Dプリンター等の技術の進歩で、印象の模倣がより容易であるとの指摘もあります。このため、特に実印でない場合には、押印の意義はそこまで大きくないとも言えます。

　さらに、押印による方法以外に、文書の成立の真正を証明する手段を確保する方法として次のような例が挙げられています。

① 継続的な取引関係がある場合

・取引先とのメールのメールアドレス・本文及び日時等、送受信記録の保存（請求書、納品書、検収書、領収書、確認書等は、このような方法の保存のみでも、文書の成立の真正が認められる重要な一事情になり得ると考えられる。）

② 新規に取引関係に入る場合

・契約締結前段階での本人確認情報（氏名・住所等及びその根拠資料としての運転免許証など）の記録・保存

・本人確認情報の入手過程（郵送受付やメールでのPDF送付）の記録・保存

・文書や契約の成立過程（メールやSNS上のやり取り）の保存

③ 電子署名や電子認証サービスの活用（利用時のログインID・日時や認証結果などを記録・保存できるサービスを含む。）

2

　上記①、②については、文書の成立の真正が争われた場合であっても、例えば下記の方法により、その立証が更に容易になり得ると考えられる。また、こういった方法は技術進歩により更に多様化していくことが想定される。

(a) メールにより契約を締結することを事前に合意した場合の当該合意の保存

(b) PDFにパスワードを設定

(c) (b)のPDFをメールで送付する際、パスワードを携帯電話等の別経路で伝達

(d) 複数者宛のメール送信（担当者に加え、法務担当部長や取締役等の決裁権者を宛先に含める等）

(e) PDFを含む送信メール及びその送受信記録の長期保存

出典：内閣府・法務省・経済産業省「押印についてのQ&A」（令和2年6月19日）より

署名又は押印が必要とされる文書

　署名又は押印が、文書の成立や効力発生の要件になっているものもあります。この場合には署名又は押印を省略できません。例えば、自筆証書遺言や、労働協約が挙げられます。

▼民法

（自筆証書遺言）
第968条　自筆証書によって遺言をするには、遺言者が、その全文、日付及び氏名を自書し、これに印を押さなければならない。

▼労働組合法

（労働協約の効力の発生）
第14条　労働組合と使用者又はその団体との間の労働条件その他に関する労働協約は、書面に作成し、両当事者が署名し、又は記名押印することによつてその効力を生ずる。

用語の解説

文書成立の真正：文書が作成名義人の意思に基づいて作成されたことをいう。文書を証拠とする場合には、原則として、その記載内容が作成名義人の意思・思想の表現であること（形式的証拠力）が認められて初めて、その内容が立証事項を証明するのにどの程度寄与するか（実質的証拠力）が検討される。通常は、文書成立の真正が認められれば、形式的証拠力も肯定される。

二段の推定：押印のある文書について、相手方がその成立の真正を争った場合は、通常、まずはその押印が作成名義人の意思に基づいて行われたという事実を証明することになる。そこで、文書上の印影が、作成名義人の印章によるものであることを立証すれば、その押印は作成名義人の意思に基づき行われたことが推定される（一段目の推定）。これにより、民事訴訟法第228条第4項が適用され、その押印に係る私文書は作成名義人の意思に基づき作成されたことが推定される（二段目の推定）（最判昭和39・5・12民集18巻4号597頁）。これを「二段の推定」という。「二段の推定」は、印鑑登録されている実印のみではなく認印にも適用され得る（最判昭和50・6・12裁判集民115号95頁）。

4 電子データの作成者を証明するための法律の仕組みは？

インターネットだと、簡単に他人になりすましたりできそうだから不安だな

電子文書の作成者のなりすましや内容の改ざんを防ぐために電子署名という仕組みがあるよ

電子署名法とは？

　電子契約は、本章第1節でみたように、なりすましや改ざんが容易である点がデメリットでした。そこで、電子契約を安心して行うためには、情報の受信者と発信者がそれぞれ本当に本人なのか、情報が途中で改変されていないかを確認することが必要となります。その有効な手段が、暗号技術を応用した電子署名です。その電子署名や、認証業務（電子署名を確認するために用いる情報が本人に係るものであることを証明する業務）の認定制度に関して定めたものが**電子署名法**（電子署名及び認証業務に関する法律）です。

　例えば、電磁的記録の真正な成立の推定について定められています（電子署名法第3条）。本章第3節で見たように、民事訴訟において文書を証拠とするためには、その文書が真正に成立したことを証明しなければなりませんが、これは電子文書についても同様です（民事訴訟法第231条、第228条第1項）。そこで、電子署名法第3条は、電子文書について本人による一定の要件を満たす電子署名がなされているときは、真正に成立したものと推定すると規定しました。

▼電子署名法（電子署名及び認証業務に関する法律）

> 第3条　電磁的記録であって情報を表すために作成されたもの（公務員が職務上作成したものを除く。）は、当該電磁的記録に記録された情報について本人による電子署名（これを行うために必要な符号及び物件を適正に管理することにより、本人だけが行うことができることとなるものに限る。）が行われているときは、真正に成立したものと推定する。

電子署名の仕組み

　では、電子署名とはなんでしょうか。電子署名法では次のように定義されています。

▼電子署名法（電子署名及び認証業務に関する法律）

（定義）
第2条　この法律において「電子署名」とは、電磁的記録（電子的方式、磁気的方式その他人の知覚によっては認識することができない方式で作られる記録であって、電子計算機による情報処理の用に供されるものをいう。以下同じ。）に記録することができる情報について行われる措置であって、次の要件のいずれにも該当するものをいう。
　一　当該情報が当該措置を行った者の作成に係るものであることを示すためのものであること。
　二　当該情報について改変が行われていないかどうかを確認することができるものであること。

　電子署名のほとんどは、公開鍵暗号方式という方法を用いて行われています。公開鍵暗号方式とは、公開鍵と秘密鍵という、一対一で対応する異なる2種類の鍵を使って暗号化と復号を行えるようにした暗号方式のことです。実際のやりとりは、まず電子文書の送信者Xが、自身の秘密鍵で情報を暗号化して送信します。受信者Yは、Xの公開鍵で情報を復号します。公開鍵と秘密鍵は、一対一で対応し、一方の鍵で暗号化した情報は他方の鍵でしか復号できません。ですから、Xの公開鍵で復号できたということは、間違いなくXの秘密鍵で暗号化した情報である、すなわち、間違いなくXが送信した情報であるといえることになります。

　ただし、上記の方式は、復号に用いた公開鍵が間違いなくXの公開鍵であるということが前提です。そこで、公開鍵が間違いなくXのものであることを証明する必要がありますが、その証明業務を認証業務といい（電子署名法第2条第2項）、証明のために発行されるものが電子証明書です。電子署名法では、認証業務について一定の基準を満たすものについて国の認定を受けられる、認定制度を設けています。

電子契約サービスに関するQ&A

　電子署名には、**当事者署名型**と言われるものと、**事業者署名型（立会人型）**と言われるものがあります。当事者署名型は、当事者が自ら認証事業者から電子証明書を発行してもらい、電子署名を行うもので、電子署名法が本来想定していた電子署名と言えます。一方、事業者署名型（立会人型）は、契約当事者ではない第三者（電子契約サービス提供事業者）が当事者の指示に基づき電子署名を付与するものです。後者は、当事者が電子証明書を発行していなくとも、すぐに電子契約を締結できる点にメリットがあり、広まりました。

　しかし、事業者署名型（立会人型）は、契約書の作成者（契約当事者）と、電子署名を付与する者（電子契約サービス提供事業者）が、少なくとも形式的には一致しない点で、電子署名法の適用の有無が必ずしも明確ではありませんでした。そこで、電子署名法の適用に関する考え方を整理したのが、総務省、法務省及び経済産業省が連名で公表した、**「利用者の指示に基づきサービス提供事業者自身の署名鍵により暗号化等を行う電子契約サービスに関するＱ＆Ａ」**（令和2年7月17日）と**「利用者の指示に基づきサービス提供事業者自身の署名鍵により暗号化等を行う電子契約サービスに関するＱ＆Ａ（電子署名法第3条関係）」**（令和2年9月4日）です。ここでは、事業者署名型（立会人型）について、電子署名法第2条第1項の電子署名該当性や、成立の真正の推定に関する第3条の規定が適用される要件が示されました。

2

5 企業間取引における本人確認や改ざん防止のための仕組みがあるの？

なりすましや改ざんを防ぐ仕組みは、電子署名以外にもあるの？

なりすましや改ざんを防いで、電子取引の信頼を確保する仕組みをトラストサービスというよ。電子署名以外にも、いろいろあるよ

商業登記に基づく電子認証制度とは？

企業との取引において、「代表者の本人性」、「法人格の存在」、「代表権限の存在」を証明する手段として、登記所が発行する印鑑証明書・登記事項証明書が用いられています。商業登記に基づく電子認証制度は、これらの証明書に代わる電子的な証明として、法人の登記情報に基づいて電子認証登記所の登記官が「電子証明書」を発行して認証する制度です（商業登記法第12条の2）。この電子証明書は、国・地方公共団体等に対する多くのオンラインによる申請・届出の手続において、利用することができます。なお、電子証明書の発行請求をできるのは会社・法人の代表者等に限られております。

商業登記電子証明書を利用することができる手続きの例
① 商業・法人登記、不動産登記、動産・債権譲渡登記など各種登記・供託のオンライン申請
② 国税電子申告・納税システム (e-TAX)
③ 地方税電子申告 (eLTAX)
④ 社会保険・労働保険関係手続
⑤ 特許のインターネット出願
⑥ 自動車保有関係手続のワンストップサービス

⑦オンラインによる支払督促手続

⑧府省共通の電子調達システム（GEPS）

⑨電子自治体における各種の申請・届出システム

電子委任状とは？

　法人と有効に取引を行うことができるのは、実際に取引行為を行う代表者や従業員などの自然人が、法人の代表権限・代理権限を有しているからです。法人の取引相手としては、取引行為を行う自然人が、代表権限・代理権限を有しているのかを確認する必要があります。法人の代表権限の存在を確認できる手段としては、前述した商業登記に基づく電子認証制度を利用することができます。ただ、この制度は、登記が可能な法人の代表者・支配人を対象としているため、登記されない役職員については利用できません。そこで、電子契約において、そのような役職員の代理権限を電子的に確認できるようにしたのが電子委任状です。法律では、次のように定義されています。

▼電子委任状法（電子委任状の普及の促進に関する法律）

（定義）
第2条　この法律において「電子委任状」とは、電子契約の一方の当事者となる事業者（法人にあっては、その代表者。第4項第1号において同じ。）が当該事業者の使用人その他の関係者に代理権を与えた旨（第3項において「代理権授与」という。）を表示する電磁的記録（電子的方式、磁気的方式その他人の知覚によっては認識することができない方式で作られる記録であって、電子計算機による情報処理の用に供されるものをいう。次項及び第3項において同じ。）をいう。

　電子委任状法（電子委任状の普及の促進に関する法律）は、電子委任状の普及を促進するための基本的な指針について定めるとともに、電子委任状取扱業務の認定の制度を設けるもので、電子委任状や関連用語の定義、基本的な指針に定めるべき事項、国の責務、電子委任状取扱業務の認定の要件等について規定を置いています。現在、e-TAXや、政府電子調達（GEPS）等で電子委任状が利用可能となっています。

その他のトラストサービス

　本章第4節、本節で見た電子署名等の仕組みは、いずれも、なりすましや改ざんを防止して、安心して有効な取引を行えるようにするためのものです。このように電子取引に対する信頼を確保するためのサービスは**トラストサービス**と言われています。これまで紹介したもののほかには、eシールやタイムスタンプなどがあります。

　eシールは、電子文書の発信元の組織を示す目的で行われる暗号化等の措置のことをいいます。電子データの発行元を証明するための仕組みで、社印（角印）の電子版といえます。角印を捺すことの多い請求書や領収書を電子データで送る際に活用できる仕組みです。eシールは、その有用性にもかかわらず、これまで公的あるいは民間による認定制度や一定の技術・運用基準が存在していないことで十分に導入が進んでいないという課題が指摘されていたところ、令和3年6月25日、総務省から、「eシールに係る指針」が公表されました。そこでは、eシールの定義や、信頼性を担保するために証明機関に求めるべき技術上・運用上の基準を検討するにあたっての参考とすべき指針が示されています。

　次に、**タイムスタンプ**は、ある時刻以前にその電子文書が存在していたこと（存在証明）と、その時刻以降当該文書が改ざんされていないこと（非改ざん証明）を証明するものです。タイムスタンプを実現するためには、ネットワーク上で正確な時刻情報を配信する時刻配信業務と、電子文書の存在した時刻及びその時刻以降に当該電子データの非改ざんを証明する時刻認証業務（時刻配信業務と時刻認証業務を併せて「タイムビジネス」と呼んでいます）が、適切に実施される必要があります。タイムビジネスに求められる要件を取りまとめたものが、「**タイムビジネスに係る指針**」（平成16年11月5日、総務省）です。現在、一般財団法人データ通信協会が、タイムビジネスの認定を行なっており、その認定を受けた業務により発行されたタイムスタンプを利用することが、電子帳簿保存法におけるタイムスタンプの要件となっています。

6 民間手続のデジタル化は、どんな法律の仕組みで定められているの？

契約自由の原則があるから、そもそも自由にデジタル化できそうだよね

民間においても、法令で手続の方法が決められているものも多いよ。そのような民間手続についてもデジタル化を可能とし、便利になることを目指しているよ

民間手続とは？

　「民間手続のデジタル化」という場合の「**民間手続**」とは何でしょうか。個人や事業者が社会生活や事業活動を行うにあたっては、基本的には契約自由の原則が妥当しますから、契約を書面で行うのも電子契約によるのも自由です。一方、民間で行われる取引においても、消費者保護など様々な理由から、法令の規定により手続きの方法が規制されている場合があります。例えば、いわゆる民泊に関するルールを定める住宅宿泊事業法では、民泊オーナーから施設の管理業務を受託する事業者は、契約前に管理業務の内容や報酬、免責等に関する事項について、書面を交付して説明しなければならないと定められています（住宅宿泊事業法第33条第1項）。このように「書面を交付」など電子取引を前提としないルールが定められている場合、当事者が電子的なやり取りを望んでも、結局は書面の授受などのアナログのやりとりが残り、デジタル化が実現しないことになります。「民間手続のデジタル化」という場合の「民間手続」とは、このような手続きのデジタル化を想定しています。なお、住宅宿泊事業法の上記の手続きについては、書面の交付に代えて情報通信技術を利用して説明することが認められています（同法第33条第2項）。

　民間手続について、**デジタル手続法**は「契約の申込み又は承諾その他の通知をいい、裁判手続等において行うもの及び申請等又は処分通知等として行うものを

除く」(同法第14条)と定義しています。その上で、行政手続と密接に関連する民間手続については、民間事業者に対してワンストップで手続きができるようデジタル化の努力義務を課すとともに、法令に基づく民間手続については、支障がない場合にはデジタル化を可能とする法制上の措置を実施する旨を定め、民間手続におけるデジタル化の促進に関連する規定を置いています。

アナログ規制の全体像

　民間手続におけるアナログ規制とは何でしょうか。上述したように、民間の取引についても、様々な理由から、法令によって書面の交付、保存、対面での説明など手続の方法が定められています。その中に例えば、紙の書面を交付することというルールがあると、当事者がいくら電子データでやり取りすることを合意したとしても、紙の書面の交付をしなければなりません。このように、アナログ的手法を前提とし、デジタル化を阻むルールのことを、**アナログ規制**と呼んでいます。

　では、民間手続におけるアナログ規制のデジタル化はどれほど進んでいるのでしょうか。デジタル手続法では、同法に基づく情報通信技術を活用した行政の推進に関する状況についてインターネット等で随時公表することを求めています(同法第16条)。これに基づきデジタル庁が公表しているのが、「**行政手続等の棚卸結果等**」です。これによると、法令に基づく手続のうち民間手続(手続主体も手続の受け手も国民・民間事業者であるもの)は、約2300種類あります。このうち、デジタル化されている手続きは約85%に上ります(令和3年3月31日時点)。

個別規制ごとにデジタル化が図られた例

　アナログ規制のデジタル化は具体的にはどのように行われてきたでしょうか。まずは個別にデジタル化された例を紹介します。

　不動産取引を行う際、宅地建物取引業者は、宅地建物取引士から取引の相手方に対し、重要事項説明書を交付して、説明させなければなりません。また、宅地建物取引士は、説明に際し、宅地建物取引士証を提示しなければならないとも定められています。

▼宅地建物取引業法

（重要事項の説明等）
第35条　宅地建物取引業者は、宅地若しくは建物の売買、交換若しくは貸借の相手方若しくは代理を依頼した者又は宅地建物取引業者が行う媒介に係る売買、交換若し

くは貸借の各当事者（以下「宅地建物取引業者の相手方等」という。）に対して、その者が取得し、又は借りようとしている宅地又は建物に関し、その売買、交換又は貸借の契約が成立するまでの間に、宅地建物取引士をして、少なくとも次に掲げる事項について、これらの事項を記載した書面（第5号において図面を必要とするときは、図面）を交付して説明をさせなければならない。

一〜十四　（略）

4　宅地建物取引士は、前3項の説明をするときは、説明の相手方に対し、宅地建物取引士証を提示しなければならない。

「書面（中略）を交付して説明」という部分や「説明をするときは、（中略）宅地建物取引士証を提示しなければならない」という部分からすると、この規定は、宅地建物取引士が、取引の当事者に対し直接対面して説明することを前提としているような印象を与えます。規定の文言自体からは、対面ではないオンラインでの説明は禁止されていませんが、実際の取引実務では、直接対面での説明をすることを前提に運用されてきました。オンラインでの説明によって宅地建物取引業法に規定された重要事項説明の義務を果たしたことになるのかが法令上明確でなかったからです。このような規制もアナログ規制と言えます。

そこで国土交通省は、オンラインによる重要事項説明について、平成27年8月から社会実験を実施し、安全な実施方法を確立した上で、**「宅地建物取引業法の解釈・運用の考え方」**において、対面で行う重要事項説明と同様に取り扱うものと明確化しました。なお、重要事項説明書等の「書面を交付」するという点についても、電磁的な方法で行うことができるよう法令が改正（デジタル社会の形成を図るための関係法律の整備に関する法律による宅地建物取引業法の改正）されました。これは、次節で説明する一括法によるデジタル化です。

2

7 どのようにアナログ規制を緩和する法律の整備が進んできたの？

民間手続だけでも2000種類以上あるらしいから、アナログ規制の見直しも大変だね

一括法による改正や、今後アナログ規制が課されないような仕組み作りを行ったよ

一括法による整備

　民間手続のデジタル化に関しては、平成12年の**IT基本法**（高度情報通信ネットワーク社会形成基本法）（令和3年、デジタル社会形成基本法の施行に伴い廃止）の制定が一つの出発点となっています。IT基本法では、デジタル社会（高度情報通信ネットワーク社会）の形成に関して、「民間が主導的役割を担うことを原則」とし、国及び地方公共団体は、デジタル化を阻む規制の見直し等によって、「民間の活力が十分に発揮されるための環境整備」を行うことを理念規定として定めており（第7条）、また、第13条には、施策の実施のために必要な法制上の措置を講ずることが定められていました。これらの規定も踏まえ、民間手続に関する書面規制の緩和や、民間での電子契約を推進するための基盤を整備する法律の制定が行われました。具体的には、これまで紹介した、**電子署名法**（平成12年成立）、**電子消費者契約法**（平成13年成立）、**電子委任状法**（平成29年成立）などの法律が制定されました。また、平成16年には、民間事業者等による文書の作成・保存・交付等に関するデジタル化を可能とする、**e-文書法**（民間事業者等が行う書面の保存等における情報通信の技術の利用に関する法律）が制定されました。

　アナログ規制を定める個々の法律の規制のデジタル化については、一括法による改正が行われました。IT基本法、e-文書法の制定時に、それぞれ民間事業者間での書面の交付などを義務付ける個々の法律の規定をデジタル化するための一括的な法改正（**IT書面一括法、e-文書法整備法**）、令和3年のデジタル社会形成基本法の制定時に、書面・押印を定める個々の法律の規定の一括的な法改正（**デジタ**

ル社会形成整備法)が行われました。さらに令和5年、**デジタル社会の形成を図る**
ための規制改革を推進するためのデジタル社会形成基本法等の一部を改正する法
律により、書面掲示規制のデジタル化を実現する一括的な法改正が行われました。

- 書面の交付等に関する情報通信の技術の利用のための関係法律の整備に
  関する法律 (IT書面一括法、平成12年) ※49本の法律の一括改正
- 民間事業者等が行う書面の保存等における情報通信の技術の利用に関す
  る法律の施行に伴う関係法律の整備等に関する法律 (e-文書法整備法、平
  成16年) ※73本の法律の一括改正
- デジタル社会の形成を図るための関係法律の整備に関する法律 (デジタル
  社会形成整備法、令和3年) ※48本の法律の一括改正
- デジタル社会の形成を図るための規制改革を推進するためのデジタル社
  会形成基本法等の一部を改正する法律 ※62本の個別法律の一括改正

2

具体的な条項例

　一括法というのは、個々の法律を同じ目的で束ねて改正するものです。改正される個々の法律の条項は違いますが、同じような規定ぶりで改正されますので、一つの法律の改正条項を確認するだけでも、改正の方向性が掴めることもあります。ここでは、具体的な改正条項例を紹介します。

　まず、デジタル社会形成整備法における押印の見直しに関する改正は次のようなイメージです。

▼押印の見直しに関する改正イメージ

改正法	現行
第A条　○○が、これに署名しなければならない。	第A条　○○が、これに署名し、**印をおさ**なければならない。

　次に、デジタル社会形成整備法における書面の交付の見直しに関する改正は次のようなイメージです。

▼書面の交付の見直しに関する改正イメージ

改正法	現行
（新設） 第Ａ条　（略） 2　〇〇は、前項の書面の交付に代えて、政令で定めるところにより、相手方の承諾を得て、当該書面に記載すべき事項を記録した電磁的記録を提供することができる。この場合において、〇〇は同項の書面を交付したものとみなす。	第Ａ条　〇〇は、書面により交付しなければならない。

　デジタル社会の形成を図るための規制改革を推進するためのデジタル社会形成基本法等の一部を改正する法律における書面掲示規制の見直しに関する改正は次のようなイメージです。

▼書面掲示規制の見直しに関する改正イメージ

改正法	現行
第Ａ条　〇〇は、次に掲げる**事項について**、その営業所において公衆に見やすいように**掲示するとともに、省令で定めるところにより、電気通信回線に接続して行う自動公衆送信（公衆によって直接受信されることを目的として公衆からの求めに応じ自動的に送信を行うことをいい、放送又は有線放送に該当するものを除く。）により公衆の閲覧に供しなければならない。**	第Ａ条　〇〇は、次に掲げる**事項を**その営業所において公衆に見やすいように**掲示しなければ**ならない。

　デジタル社会の形成を図るための規制改革を推進するためのデジタル社会形成基本法等の一部を改正する法律における公示送達の見直しに関する改正は次のようなイメージです。

▼公示送達の見直しに関する改正イメージ

改正法	現行
第Ａ条　公示送達は、送達すべき書類を送達を受けるべき者にいつでも交付すべき旨を**省令で定める方法により不特定多数の者が閲覧することができる状態に置くとともに、その旨が記載された書面を**事務所の掲示場に**掲示し、又はその旨を当該事務所に設置した電子計算機の映像面に表示したものの閲覧をすることができる状態に置く措置をとる**ことにより行う。	第Ａ条　公示送達は、送達すべき書類を送達を受けるべき者にいつでも交付すべき旨を事務所の掲示場に**掲示する**ことにより行う。

デジタル規制改革推進のための一括法案

　すでに触れましたが、令和5年通常国会 (第211回国会) において、**デジタル社会の形成を図るための規制改革を推進するためのデジタル社会形成基本法等の一部を改正する法律**が成立しました。これは、「デジタル原則に照らした規制の一括見直しプラン」(2022年6月デジタル臨時行政調査会決定) を踏まえ、デジタル技術の進展を踏まえたその効果的な活用のための規制の見直しを推進することを目的としており、改正の概要は次のとおりです。

1　デジタル技術の進展等を踏まえた自律的・継続的な規制の見直しの推進
●デジタル法制審査に関連する規定を措置 (デジタル社会形成基本法第36条)

　今後アナログ規制が生じないよう、国会提出予定の新規法令等において、アナログ規制を課している条項がないか、事前に確認をするプロセス
●テクノロジーマップの公表・活用に関連する規定を措置 (デジタル手続法第17条)

　デジタル技術の効果的な活用のための規制の見直しを推進するため、デジタル技術と規制の見直し事項の対応関係を示したマップ

2　記録媒体による申請等のオンライン化
　フロッピーディスク等の記録媒体による行政機関への申請等についてオンラインによる申請等を可能とする措置 (デジタル手続法第10条第2号)

3 書面掲示規制の見直し

　特定の場所において書面で掲示されていたものについて、インターネットによる閲覧等を可能とし、いつでもどこでも、必要な情報を確認できるようにすることで、利便性の向上を図るもの（個々の法律を束ねて改正）

8 書面の保存・作成・交付の デジタル化に関する決まりが あるの？

書面で保存するのって、かさばるし大変だから、スキャンして電子データで保存しておきたいね

書面による保存・作成・交付等の手続きについてデジタル化するための一括法による改正や、通則法の制定が行われてきたよ

2

書面による保存・作成・交付の義務

　これまで見てきたように、民間手続についても、消費者保護等様々な理由から、その方法について法律により規制されています。アナログ規制という観点では、特に書面の保存・作成・交付を義務付ける規制が多くあります。例えば書面の交付に関する規制としては、割賦販売業者に契約の内容を明らかにする書面の交付を義務付ける割賦販売法4条の規制等があります。

　e-文書法では、保存・作成・交付について、それぞれ次のとおり定義しています。

保存　民間事業者等が書面又は電磁的記録を保存し、保管し、管理し、備え、備え置き、備え付け、又は常備することをいう。ただし、訴訟手続その他の裁判所における手続並びに刑事事件及び政令で定める犯則事件に関する法令の規定に基づく手続（以下「裁判手続等」という。）において行うものを除く。

作成　民間事業者等が書面又は電磁的記録を作成し、記載し、記録し、又は調製することをいう。ただし、裁判手続等において行うものを除く。

交付等　民間事業者等が書面又は電磁的記録に記録されている事項を交付し、若しくは提出し、又は提供することをいう。ただし、裁判手続等において行うもの及び情報通信技術を活用した行政の推進等に関する法律第3条第8号に掲げる申請等として行うものを除く。

デジタル化のための改正

　書面の保存等に関する規制についても、個別の改正や一括法による改正が行われてきました。例えば、割賦販売法4条の書面交付義務に関する規制については、IT書面一括法により、電子データによる交付を認める規定が追加されました。

▼割賦販売法

> （情報通信の技術を利用する方法）
> 第4条の2　割賦販売業者は、第3条第2項若しくは第3項又は前条各項の規定による書面の交付に代えて、政令で定めるところにより、当該利用者又は購入者若しくは役務の提供を受ける者の承諾を得て、当該書面に記載すべき事項を電子情報処理組織を使用する方法その他の情報通信の技術を利用する方法であつて経済産業省令・内閣府令で定めるもの（以下「電磁的方法」という。）により提供することができる。この場合において、当該割賦販売業者は、当該書面を交付したものとみなす。

通則法としてのe-文書法の制定

　IT基本法の第13条には、施策の実施のために必要な法制上の措置を講ずることが定められていましたが、この規定を受けて、平成16年、e-文書法が制定されました。民間の事業者等に義務付けられている書面の保存・作成・交付等の手続のデジタル化に関して、一括法により個々の法律の改正するのではなく、デジタル手続法と同じように、e-文書法に基づく主務省令で定めることで、具体的な手続等のデジタル化が可能となるものです。民間手続等のデジタル化に関する**通則法**といえます。次節で詳しく紹介します。

9 e-文書法って、どんな法律なの？

e-文書法によれば、紙の書面によることとされている手続は全部デジタル化できるのかな

書面の保存の負担軽減に主眼があるから、全ての書面に関する手続きをデジタル化できるわけではないよ。要件をよく見ていこう

2

趣旨・目的

　e-文書法は、正式な法律名を、**民間事業者等が行う書面の保存等における情報通信の技術の利用に関する法律**といいます。民間の事業者等に義務付けられている、書面の保存等をデジタル化できるようにする法律です。民間事業者が、保存しなければならない書面についてデジタル化を可能とすることで、保存に係る負担を軽減し、国民の利便性の向上を図ることを目的としています。保存と併せ、作成・交付等のデジタル化についても定められています。

▼ e-文書法（民間事業者等が行う書面の保存等における情報通信の技術の利用に関する法律）

> （目的）
> 第1条　この法律は、法令の規定により民間事業者等が行う書面の保存等に関し、電子情報処理組織を使用する方法その他の情報通信の技術を利用する方法（以下「電磁的方法」という。）により行うことができるようにするための共通する事項を定めることにより、電磁的方法による情報処理の促進を図るとともに、書面の保存等に係る負担の軽減等を通じて国民の利便性の向上を図り、もって国民生活の向上及び国民経済の健全な発展に寄与することを目的とする。

111

保存・作成のデジタル化

　e-文書法は、書面での保存が義務付けられている場合に、保存のほか、作成・交付等をデジタル化できるようにする法律です。保存、作成、縦覧等、交付等についてそれぞれ第3条から第6条までで規定されています。まず保存については、次のように定められています。

▼e-文書法（民間事業者等が行う書面の保存等における情報通信の技術の利用に関する法律）

> （電磁的記録による保存）
> 第3条　民間事業者等は、保存のうち当該保存に関する他の法令の規定により書面により行わなければならないとされているもの（主務省令で定めるものに限る。）については、**当該法令の規定にかかわらず、主務省令で定めるところにより、書面の保存に代えて当該書面に係る電磁的記録の保存を行うことができる。**
> 2　前項の規定により行われた保存については、当該保存を書面により行わなければならないとした保存に関する法令の規定に規定する書面により行われたものとみなして、当該保存に関する法令の規定を適用する。

　各省庁が省令等で定めることで、書面に代えて電子データ（電磁的記録）での保存を可能とする旨規定されています。この条文によって直接電子データでの保存が可能となるわけではなく、各省庁が省令等を定めることでデジタル化が可能となります。デジタル手続法と同様の仕組みです。

　e-文書法に基づく主務省令として例えば、**法務省の所管する法令の規定に基づく民間事業者等が行う書面の保存等における情報通信の技術の利用に関する規則**があります。第3条で「民間事業者等が電磁的方法により行うことができる法務省の所管する法令の規定に基づく保存は、別表第1から別表第2の2までに掲げる保存とする。」と規定され、別表で例えば建物の区分所有等に関する法律第33条第1項に規定されているマンションの管理規約の保管が対象となっています。

　なお、e-文書法に基づいてデジタル化を認める要件は、各省庁の省令等によって異なっていますので、注意が必要です。

　作成については、次のように定められています。

（電磁的記録による作成）
第4条　民間事業者等は、作成のうち当該作成に関する他の法令の規定により書面に
より行わなければならないとされているもの（当該作成に係る書面又はその原本、謄
本、抄本若しくは写しが法令の規定により保存をしなければならないとされている
ものであって、主務省令で定めるものに限る。）については、**当該他の法令の規定に
かかわらず、主務省令で定めるところにより、書面の作成に代えて当該書面に係る
電磁的記録の作成を行うことができる。**
2　前項の規定により行われた作成については、当該作成を書面により行わなければな
らないとした作成に関する法令の規定に規定する書面により行われたものとみなし
て、当該作成に関する法令の規定を適用する。
3　第1項の場合において、民間事業者等は、当該作成に関する他の法令の規定により
署名等をしなければならないとされているものについては、当該法令の規定にかか
わらず、氏名又は名称を明らかにする措置であって主務省令で定めるものをもって
当該署名等に代えることができる。

2

　法令の規定により書面で作成を行うこととされている場合でも、主務省令で定
めることで、パソコン等を利用して作成した電磁的記録で行うことができる旨規
定されています。e-文書法の趣旨は、民間事業者等の文書の保存に係る負担を軽
減する点にありますが、保存についてデジタル化する前提として、保存の対象と
なる原本等の作成自体をデジタル化する必要があるので、このような規定が設け
られています。

　e-文書法に基づく主務省令として例えば、**国土交通省の所管する法令に係る民
間事業者等が行う書面の保存等における情報通信の技術の利用に関する法律施行
規則**があります。第5条で「法第4条第1項の主務省令で定める作成は、別表第2
の上欄に掲げる法令の同表の下欄に掲げる規定に基づく書面の作成とする。」と規
定され、別表で例えば旅行業法施行規則第23条に規定されている旅行業約款の作
成が対象となっています。

　なお、作成のデジタル化ができる文書は、法令の規定により保存が義務づけら
れているものに限るという要件が課されていますので注意が必要です。

縦覧等・交付等のデジタル化

　次に縦覧等について説明します。**縦覧等**について、e-文書法では、「**民間事業者
等が書面又は電磁的記録に記録されている事項を縦覧若しくは閲覧に供し、又は
謄写をさせること**」と定義しています。「縦覧」というのは、名簿等について、異議

申立ての機会を与える等の目的で広く一般に見せる場合など、自由に見せる定めのある書類を希望者が見ること、またはそのような制度のことをいいます。縦覧等については、次のように定められています。

▼e-文書法（民間事業者等が行う書面の保存等における情報通信の技術の利用に関する法律）

（電磁的記録による縦覧等）
第5条　民間事業者等は、縦覧等のうち当該縦覧等に関する他の法令の規定により書面により行わなければならないとされているもの（主務省令で定めるものに限る。）については、**当該法令の規定にかかわらず、主務省令で定めるところにより、書面の縦覧等に代えて当該書面に係る電磁的記録に記録されている事項又は当該事項を記載した書類の縦覧等を行うことができる。**
2　前項の規定により行われた縦覧等については、当該縦覧等を書面により行わなければならないとした縦覧等に関する法令の規定に規定する書面により行われたものとみなして、当該縦覧等に関する法令の規定を適用する。

　法令の規定により書面で行うこととされている縦覧等について、省令等で定めることで、電子データ（電磁的記録）で行うことができる旨規定されています。

　e-文書法に基づく主務省令として例えば、**法務省の所管する法令の規定に基づく民間事業者等が行う書面の保存等における情報通信の技術の利用に関する規則**があります。第8条で「民間事業者等が電磁的方法により行うことができる法務省の所管する法令の規定に基づく縦覧等は、別表第4の1及び別表第4の2に掲げる縦覧等とする。」と規定され、別表で例えば建物の区分所有等に関する法律第33条第2項に規定されているマンションの管理規約の閲覧が対象となっています。

　なお、縦覧等に供するには、保存されていることが前提ですので、作成のデジタル化の規定（第4条）のように、「保存をしなければならないとされているもの」というような限定は、この条文では定められていません。

　交付等については、次のように定められています。

▼e-文書法（民間事業者等が行う書面の保存等における情報通信の技術の利用に関する法律）

（電磁的記録による交付等）
第6条　民間事業者等は、交付等のうち当該交付等に関する他の法令の規定により書面により行わなければならないとされているもの（当該交付等に係る書面又はその原本、謄本、抄本若しくは写しが法令の規定により保存をしなければならないとされているものであって、主務省令で定めるものに限る。）については、**当該他の法令の規定にかかわらず、政令で定めるところにより、当該交付等の相手方の承諾を得て、**

> 書面の交付等に代えて電磁的方法であって主務省令で定めるものにより当該書面に
> 係る電磁的記録に記録されている事項の交付等を行うことができる。
> 2　前項の規定により行われた交付等については、当該交付等を書面により行わなけれ
> ばならないとした交付等に関する法令の規定に規定する書面により行われたものと
> みなして、当該交付等に関する法令の規定を適用する。

　法令の規定により書面での交付等を行うこととされている場合でも、相手方の
承諾を得て、主務省令で定めることで、電子データ（電磁的記録）での交付等がで
きる旨規定されています。書面を受け取る相手方が、パソコンを使えない場合も
ありますから、交付等の相手方の承諾を得ることが要件とされている点が、他の
場合と異なります。

　e-文書法に基づく主務省令として例えば、**農林水産省の所管する法令に係る民
間事業者等が行う書面の保存等における情報通信の技術の利用に関する法律施行
規則**があります。第10条で「法第6条第1項の主務省令で定める交付等は、別表
第4の上欄に掲げる法令の同表の下欄に掲げる規定による書面の交付等とする。」
と規定され、別表で例えば農業協同組合法第29条の2第2項第2号に規定されて
いる農業協同組合の定款等の謄本又は抄本の交付が対象となっています。

　なお、交付等のデジタル化ができる文書についても、法令の規定により保存が
義務づけられているものに限るという要件が課されていますので注意が必要で
す。

2

10 国税関係書類の作成・保存のデジタル化は、どんな法律の仕組みで定められているの？

書面の保存のデジタル化について、e-文書法以外にも法律があるの？

国税関係帳簿書類の保存のデジタル化については、e-文書法よりも前に法律が制定されていたよ

電子帳簿保存法とは？

　前節では、民間事業者等に義務付けられた書面の保存等のデジタル化に関する通則法として、e-文書法を紹介しました。しかし、実は帳簿書類などの保存については、e-文書法（平成16年成立）よりも前に、法律が制定されています。それが**電子帳簿保存法**（電子計算機を使用して作成する国税関係帳簿書類の保存方法等の特例に関する法律、平成10年成立）です。IT基本法（平成12年成立）よりも前ですから、デジタル化の流れの中ではかなり進んでいた法律といえそうです。国税関係帳簿書類の保存に関するものということで、どの事業者にも当てはまりますし、当時すでにコンピュータを使用した帳簿書類の作成が普及していたこともあり、デジタル化のニーズが強かったという背景があります。

　大きく分けて次の3種類の保存について規定しています。

① 国税関係帳簿書類の電磁的記録又はマイクロフィルムによる保存
　法人税法等で義務付けられている紙の書面による保存について、一定の要件を満たすことで電子データやマイクロフィルムでの保存を可能とするものです（第4条、第5条）。

② スキャナ保存
　国税関係書類（注文書や請求書等）のうち紙で受領・作成したものをスキャンして電子データで保存することを可能とするものです（第4条第3項）。

③ 電子取引に関するデータの保存義務

契約書や注文書など取引情報がデータで授受された場合には、当該取引情報をデータで保存しなければならないというものです（第7条）。

※ ①と②は、e-文書法のように、紙での保存を義務付けられているものについて電子データでの保存を可能とするものですが、③は、そもそも電子データでの保存を義務付けているもので、若干位置付けが違います。

このように、国税関係帳簿書類については、早くからデジタルによる保存の道が開かれていましたが、要件が厳しいという事情もあり、なかなか普及してきませんでした。そのため、継続的に要件緩和が進んできました。なお、国税関係帳簿書類については、電子帳簿保存法が適用され、e-文書法は適用除外となっています（第6条）。

各種要件の概要

具体的に見ていきます。例えば、青色申告法人は、帳簿書類について備付け及び保存を義務付けられています（法人税法第126条第1項）。帳簿書類というのは、帳簿、決算書類や取引関係書類を指し、これらを納税地において7年間保存しなければなりません（法人税法施行規則第59条第1項）。取引関係書類というのは、「取引に関して、相手方から受け取つた注文書、契約書、送り状、領収書、見積書その他これらに準ずる書類及び自己の作成したこれらの書類でその写しのあるものはその写し」（法人税法施行規則第59条第1項第3号）をいいます。帳簿に記載された取引の根拠資料として税務調査に際して参照できるよう保存が義務付けられているのですが、帳簿だけでなくこれらの書類も含めれば量は膨大で、期間も長いので、紙で保存するとしたらかなりの管理コストがかかりますね。

このように電子化のニーズは強いわけですが、電磁的記録による保存が可能となる要件は、電子帳簿保存法施行規則に記載されています（第2条等）。保存データをディスプレイに整然とした形式で明瞭な状態で速やかに出力可能なこと、システム説明書等が備付けられていること等が定められています。令和3年改正により、それまで必要とされていた税務署長の承認が不要となるなど要件が緩和されました。また、優良な帳簿とそれ以外の帳簿の区別を設けることで電子保存の要件に段階が設けられました。

2

次に、取引相手から受け取る注文書等、紙で授受するよう取引関係書類については、スキャナで電子データ化することで、電子保存することができます（平成16年改正により導入）。スキャナ保存を行うための要件は、真実性や可視性の確保の観点から、タイムスタンプの付与や検索ができるようにすることなどが定められています（電子帳簿保存法施行規則第2条）。令和3年改正により、タイムスタンプ付与の代替要件が創設されたり、検索項目が限定されるなど、全体として要件が緩和されました。

最後に、電子取引の場合にはどうでしょうか。電子取引とは「**取引情報の授受を電磁的方式により行う取引**」をいいます。取引情報とは「**取引に関して受領し、又は交付する注文書、契約書、送り状、領収書、見積書その他これらに準ずる書類に通常記載される事項**」です（電子帳簿保存法第2条第5号）。例えばWEBサイトで備品を購入する場合に領収書もサイト上でのみ表示される場合や、請求書データを電子メールの添付ファイルでやり取りする場合などです。この場合には、電子データでの保存が義務付けられており、改ざん防止の措置や検索機能の確保など、保存方法も規定されています（電子帳簿保存法施行規則第4条）。先述したように、これまでの規定は紙での保存義務を電子データで保存できる場合の特例を定めていましたが、電子取引の場合にはむしろ電子データでの保存が義務付けられています。

今後の動き

令和5年10月から、**インボイス制度**が始まります。インボイスとは適格請求書のことで、売手が買手に対して、正確な適用税率や消費税額等を伝えるものです（消費税法第57条の4第1項）。インボイス制度とは、買手が仕入税額控除の適用を受けるためには、売手から交付を受けた適格請求書を保存する必要があり、売手は買手から求められた場合には適格請求書を交付しなければなりません（売手も、交付した適格請求書の写しを保存する必要があります）。売手は適格請求書を交付するためには、事前に適格請求書発行事業者の登録を受ける必要があること、登録を受けると課税事業者として消費税の申告が必要となることに留意が必要です。

適格請求書を電子データによって提供する場合に、その電子データによる適格請求書のことを**電子インボイス**といいます（消費税法第57条の4第5項）。電子インボイスの交付を受けた買手は、基本的には電子帳簿保存法における電磁的方法

で授受した取引情報として、電子データで保存する必要があります。

　電子取引の普及や、電子帳簿保存法による電子データでの保存要件の改正の流れ、インボイス制度の開始などは、免税事業者や個人事業主も含めたあらゆる事業者に大きく影響する制度変更なので、情報収集が欠かせません。

2

11 キャッシュレス決済は、どんな法律の仕組みで定められているの？

多くのキャッシュレス決済サービスがあるけど、どのような法律で規定されているのかな

資金決済法を始めとして様々な法律で規定されているよ

資金決済法とは？

　資金決済法は、決済サービスについてのルールを定める法律で、平成21年に制定されています。正式名称は、**資金決済に関する法律**です。銀行以外の者が行う為替取引に関する「資金移動業」についての規定、コード決済などの「前払式支払手段」に関する規定のほか、平成28年には「暗号資産交換業」（当時は「仮想通貨」という語を用いていました）に関する規定の創設、令和4年にはいわゆるステーブルコインに関する制度的対応として「電子決済手段等取引業」に関する規定が創設されました。デジタル技術の進展により多様化する決済サービスに対応するため、利用者保護を図るとともに、技術発展やイノベーションを阻害しないよう改正が行われています。

　例えば〇〇ペイなどのスマホ決済サービスについては、どのような規定があるでしょうか。〇〇ペイの中には、利用者同士で送金を行うサービスがありますが、これは「資金移動業」にあたります。資金移動業とは、「銀行等以外の者が為替取引を業として営むこと」と定義されています（資金決済法第2条第2項）。為替取引というのは、隔地者間で、直接現金を輸送せずに資金を移動する業務の依頼を受け、遂行することをいいます（最決平成13・3・12刑集55巻2号97頁参照）。他人の資金を移動するという業務の性質上、資金移動業者が破綻すると利用者が損失を負うため、資金の保全等利用者保護を図る観点から、内閣総理大臣の登録を受けること、履行保証金の供託をすることを求める等の規制がされています。とはい

え、〇〇ペイなどのサービスを利用した個人間の送金では、多額のやり取りをするわけではなく、必ずしも高いリスクがあるとは限りません。そこで、資金移動業を送金上限額に応じて、第一種資金移動業、第二種資金移動業、第三種資金移動業というように類型化し、類型に応じた規制を設けています。送金上限額＝リスクに応じて必要な規制を設けることでイノベーションの促進と利用者保護を両立する考え方で、**リスクベース・アプローチ**といわれます。

コード決済に関する法律の仕組み

　コード決済サービスは、資金決済法上、「前払式支払手段」に該当します。その名から想像できるとおり、利用者が事前に現金の払込みを行い（チャージ）、その証として交付を受けたカードを使って買い物ができるものです。次のように定義されています。

▼資金決済法（資金決済に関する法律）

> （定義）
> 第3条　この章において「前払式支払手段」とは、次に掲げるものをいう。
> 　一　証票、電子機器その他の物（以下この章において「証票等」という。）に記載され、又は電磁的方法（電子的方法、磁気的方法その他の人の知覚によって認識することができない方法をいう。以下この項において同じ。）により記録される金額（金額を度その他の単位により換算して表示していると認められる場合の当該単位数を含む。以下この号及び第3項において同じ。）に応ずる対価を得て発行される証票等又は番号、記号その他の符号（電磁的方法により証票等に記録される金額に応ずる対価を得て当該金額の記録の加算が行われるものを含む。）であって、その発行する者又は当該発行する者が指定する者（次号において「発行者等」という。）から物品等を購入し、若しくは借り受け、又は役務の提供を受ける場合に、これらの代価の弁済のために提示、交付、通知その他の方法により使用することができるもの
> 　二　（略）

　コード決済が普及する以前に典型的だったのが、図書カードやテレフォンカード、百貨店の商品券などです。紙や磁器式のカードばかりですから、法律でも「前払式証票」と呼ばれていました（**前払式証票の規制等に関する法律**。現在は廃止）。電子的方法である交通系ICカードもこれにあたります。その後コード決済のようにサーバ内に電子情報として残高等を記録して利用する方法が出てきたため、それらにも対応するため、平成21年に制定された資金決済法で、「前払式支払手段」としてまとめて定義されました。

前払式支払手段には、磁器式プリペイドカード、商品券、交通系ICカード、コード決済のほか、WEBサイト上のショッピングモールでコードを入力して使えるギフト券なども該当します。事前に現金等を払い込む利用者が不当な損失を被らないよう、前払式支払手段発行者に対する規制が整備されています。〇〇ペイのような決済サービスで、個人間で送金できるようなものは、前述のように資金移動業としても規制されます。

その他のキャッシュレス決済に関する法律の規制

　資金決済法以外の法律でも、キャッシュレス決済に関連する規制がされています。

　クレジットカード決済は、前払式支払手段の逆のイメージで、カードを提示して買い物をし、後から代金相当額を支払うものですね。貸付を行うのに似て、カード利用者に信用を供与するものですから、**割賦販売法**の規制を受けます。分割払いやリボ払いについては包括購入信用あっせん業として様々な規制を受けます。他方で、近時登場している少額かつ低リスクな後払い決済サービスに対応するため、「登録少額包括信用購入あっせん業」という制度も創設されました。資金決済法における資金移動業の規制の柔軟化と同様、リスクに応じた規制を行うことで、過度な規制により新たなサービスの発展が阻害されないようにするための規律の仕組みといえます。

　そのほか、例えば複数の銀行や証券口座の最新の残高を自動で表示する家計簿アプリがありますが、これは電子決済等代行業として、銀行法で規制されています。

　また、古くからあるキャッシュレス決済手段である手形・小切手に関しては、令和3年に閣議決定された成長戦略実行計画において、令和8年までの約束手形の利用の廃止に向けた取組の促進や小切手の全面的な電子化を図るとされ、電子交換所の運用がスタートするなどしています。手形に代わる決済手段として普及促進が図られている電子記録債権は、**電子記録債権法**において規定されています。

第3章
データの保護・利活用に関する法制度

データの保護や利活用について、どんな法律の仕組みがあるの？

インターネット上では、いろんな情報が流通しているけど、何か法的なルールがあるのかな？

個人情報や著作物には保護や活用のルールがあるし、最近は、公的なデータの公開に関する法整備もされているよ

デジタル化の進展とデジタルデータの保護・利活用

　インターネットの普及・発展に伴って、様々な情報がデジタル化され、インターネット上で流通するようになりました。時刻表や明日の天気、おすすめのお店など、様々な情報がインターネット上で確認できることは、デジタル化・ネットワーク化の恩恵を感じられる典型的な場面の一つではないかと思います。また、情報通信技術の進展により、大容量のデータが高速で通信できるようになり、それを処理できる高性能のパソコンやスマホが普及したことで、映画や音楽などの様々なコンテンツがインターネット上で楽しめるようになりました。情報の発信についても、ブログや動画投稿サイトなどで、誰もが容易に行うことができるようになってきています。

　このように、情報通信技術の進展により、インターネット上では、様々な情報が流通するようになっていますが、その利便性とは裏腹に、プライバシーに関する情報が流出して、拡散されると消去が困難であったり、デジタル化された情報はほぼ劣化なくコピーができるため、著作権を侵害するようなコンテンツがインターネット上で流通すると、その被害や損害が莫大なものとなるといった、新たな課題も生じてきます。

　このため、個人情報や著作物に関する情報については、デジタル技術やインターネットの普及・発展に対応する形で、個人情報保護法や著作権法で、その保護の

観点から様々な取扱いのルールが定められています。

　一方で、様々な情報がインターネットでやり取りされ、膨大なデータが蓄積されるようになると、その有効な活用の可能性も広がってきます。特に近年では、家電などを含め様々な機器がインターネットを通じてデータをやり取りするようになっていますし、膨大なデータを処理・活用するためのAI技術なども実用化されてきています。

　2010年代頃から、ビッグデータという言葉がよく使われるようになりましたが、このようにインターネットを通じて蓄積された膨大なデータの価値や活用の可能性が認識されるようになると、それに対応して、データの利活用を促進するための法整備も進められるようになりました。また、行政機関等の保有する膨大な公的データの利活用に向けて、そうした行政データの公開（オープンデータ）に関する法整備も進められてきています。

3

　本章では、このようなデータの保護と利活用に関する法律や制度について取り扱いますが、まずは、どのような法律や制度があるのか、全体像を概観してみたいと思います。

データの保護に関する主な法律

　データの保護については、個人情報保護法（個人情報の保護に関する法律）、著作権法、不正競争防止法などによって、個人情報、著作物、営業秘密等に関するデータの保護が図られてきています。

　まず、**個人情報保護法**は、その名称の通り、個人情報の保護に関する法律で、個人情報を取り扱う民間事業者の守るべきルール等が定められています。2003年に制定され、2005年から施行されている法律ですが、2021年に大きな改正が行われ、国の行政機関や独立行政法人等、地方自治体の取り扱う個人情報のルールについても、個人情報保護法に一元化されています。（従来は、国の行政機関については「行政機関個人情報保護法」が、独立行政法人等については「独立行政法人等個人情報保護法」が、地方自治体については各自治体の「個人情報保護条例」が適用され、個人情報保護法制がバラバラになっていることが問題となっていました（いわゆる「2000個問題」）。）

なお、個人情報保護法制定の背景には、個人データの保護に関する措置を求める国際的な動き（いわゆる「EUデータ保護指令」など）があり、（著作権法などと異なり）当初から、デジタル化されたデータの保護という課題に対応した制度となっています。

　やや余談になりますが、マイナンバーも個人情報に当たりますが、マイナンバーを含む個人情報は**マイナンバー法**で「特定個人情報」と定義され、より厳しい保護措置が上乗せされています。（マイナンバー法は、個人情報保護法の特別法ということになります。）

　次に、**著作権法**では、著作物に関する権利の内容やその保護に関することなどが定められています。デジタル化された著作物についても、著作権の保護が及びますが、デジタル化の進展に対応して、例えば1985年の改正では、コンピュータープログラムが保護の対象となることが定められています（「プログラムの著作物」（第10条第1項第9号））。また、1997年の改正では、インターネットなどでデジタル化された著作物を自動的に公衆に送信する権利として「自動公衆送信権」（第23条第1項）の規定が設けられています。「自動公衆送信権」には、サーバにアップロードするなど送信し得る状態に置く「送信可能化権」も含まれています。

　最後に、**不正競争防止法**では、営業秘密に関する不正競争行為等を定めることで、営業秘密の保護が図られていますが、2018年の法改正で、ビッグデータにも保護が及ぶよう、営業秘密とは別に「限定提供データ」の保護に関する制度が創設されています。

　データの保護に関する主な法律
　・著作権法（1970年）
　・著作権法改正（プログラムの著作権の保護）（1985年）
　・不正競争防止法（1993年）
　・著作権法改正（インターネット等での送信可能化権の保護）（1997年）
　・個人情報保護法（2003年）
　・マイナンバー法（2013年）
　・個人情報保護法改正（三本の法律の一元化）（2021年）

　このほかにも、データの保護という観点では、情報セキュリテイやサイバーセ

キュリティに関する法律なども重要な役割を果たしますが、これらについては、第4章で取り扱うこととしていますので、ここでの説明は割愛します。

データの利活用に関する主な法律

データの利活用については、データの保護に関する法律の中で、保護と利活用とのバランスを取るためにルールが置かれる例が多く見られます。例えば、著作権法では、著作権の保護がインターネットでの情報の流通の障害とならないよう、キャッシュとしての複製や検索エンジンで著作物を利用する場合の規定の整備がされています。

また、個人情報保護法については、2015年の改正で「匿名加工情報」の制度が、2020年の改正で「仮名加工情報」の制度がそれぞれ創設され、一定の加工を行ったデータの利活用に関するルールが整備されました。なお、特に医療情報については、健診結果やカルテ等の個々人の医療情報を匿名加工、仮名加工して、医療分野の研究開発での活用を促進するための法律として、**次世代医療基盤法**が2017年に制定されています。

このほか、国や地方自治体の保有するデータ等の利活用を推進するため、公的データの公開（オープンデータ）などについて定める、**官民データ活用推進基本法**が2016年に制定されています。また、2021年の個人情報保護法改正では、「行政機関等匿名加工情報」を民間事業者等への提供するための制度も設けられています。これらの法整備によって、行政機関の保有するビッグデータの利活用が進むことが期待されます。

データの保護に関する主な法律
- 個人情報保護法改正（匿名加工情報制度の創設）（2015年）
- 官民データ活用推進基本法（2016年）
- 次世代医療基盤法（2017年）
- 不正競争防止法改正（限定提供データ制度の創設）（2018年）
- 個人情報保護法改正（仮名加工情報制度の創設）（2020年）
- 個人情報保護法改正（行政機関等匿名加工情報制度の創設）（2021年）
- 次世代医療基盤法（仮名加工医療情報制度の創設）（2023年）

3

2 どのように個人情報の保護に関する法律の整備が進んできたの？

個人情報の保護に関する規律の整備は地方から始まったときいたよ

そうだね、実は国において個人情報保護法制が充実してきたのはここ最近のことなんだ。経緯を振り返ってみるよ

個人情報保護に関する制度整備の始まり

個人情報の保護に対する関心が高まった背景には、情報化社会の進展があります。コンピュータによる高度な情報処理が普及し、個人情報のデータベース化や利活用が容易になりました。そんな中、昭和55年、個人情報の取扱いに関する基本原則を示したのが、**OECD8原則**といわれるものです。

▼ **OECD8原則** (プライバシー保護と個人データの国際流通についてのガイドラインに関する理事会勧告)

収集制限の原則	個人データの収集には制限を設けるべきであり、いかなる個人データも、適法かつ公正な手段によって、かつ適当な場合には、データ主体に知らしめ又は同意を得た上で、収集されるべきである。
データ内容の原則	個人データは、その利用目的に沿ったものであるべきであり、かつ利用目的に必要な範囲内で正確、完全であり最新なものに保たれなければならない。
目的明確化の原則	個人データの収集目的は、収集時よりも遅くない時点において明確化されなければならず、その後のデータの利用は、当該収集目的の達成又は当該収集目的に矛盾しないでかつ、目的の変更毎に明確化された他の目的の達成に限定されるべきである。
利用制限の原則	個人データは、目的明確化の原則により明確化された目的以外の目的のために開示利用その他の使用に供されるべきではないが、次の場合はこの限りではない。 (a) データ主体の同意がある場合、又は、 (b) 法律の規定による場合

安全保護の原則	個人データは、その紛失もしくは不当なアクセス、破壊、使用、修正、開示等の危険に対し、合理的な安全保護措置により保護されなければならない。
公開の原則	個人データに関わる開発、運用及び政策については、一般的な公開の政策が取られなければならない。個人データの存在、性質及びその主要な利用目的とともににデータ管理者の識別、通常の住所をはっきりさせるための手段が容易に利用できなければならない。
個人参加の原則	個人は次の権利を有する。 (a) データ管理者が自己に関するデータを有しているか否かについて、データ管理者又はその他の者から確認を得ること (b) 自己に関するデータを、 　(ⅰ) 合理的な期間内に、 　(ⅱ) もし必要なら、過度にならない費用で、 　(ⅲ) 合理的な方法で、かつ、 　(ⅳ) 自己に分かりやすい形で、 　自己に知らしめられること。 (c) 上記 (a) 及び (b) の要求が拒否された場合には、その理由が与えられること及びそのような拒否に対して異議を申し立てることができること。 (d) 自己に関するデータに対して異議を申し立てること、及びその異議が認められた場合には、そのデータを消去、修正、完全化、補正させること。
責任の原則	データ管理者は、上記の諸原則を実施するための措置に従う責任を有する。

3

日本における法整備の経緯

　個人情報の保護に関する制度の整備は、昭和40年代末頃から、国より先に、地方公共団体で進みました。その後、全ての地方公共団体で個人情報保護条例が制定されています。

　国ではそれまで行政機関の内部規定が設けられてはいましたが、法律が制定されたのは、昭和63年の**行政機関の保有する電子計算機処理に係る個人情報の保護に関する法律**が最初でした。そして平成11年、全国の市区町村の住民基本台帳をネットワーク化する、いわゆる住基ネットの導入の際に、個人情報の保護に関する要望が強まり、平成15年、個人情報保護法等が成立しました。

　その後、情報通信技術の急速な進展により可能となった、個人情報を含むパーソナルデータの収集・分析に対応するために、平成27年に大きな改正がされました。令和2年には、平成27年の改正法附則に規定されたいわゆる「3年ごと見直し」に伴い、仮名加工情報の概念の新設などの改正がされました。さらに令和3年、デ

ジタル社会の形成を図るための関係法律の整備に関する法律により改正がされました。この改正によって、個人情報保護法、行政機関個人情報保護法、独立行政法人等個人情報保護法の3法を1本の法律に統合し、地方公共団体における個人情報保護制度についても全国共通のルールを設定する、いわゆる個人情報保護法制の一元化が実現しました。

▼個人情報保護に関する法整備の経緯

昭和40年代末頃～	地方公共団体で個人情報保護制度の制定が始まる
昭和55年	プライバシー保護と個人データの国際流通についてのガイドラインに関するOECD理事会勧告
昭和63年	行政機関の保有する電子計算機処理に係る個人情報の保護に関する法律
平成7年	EU　データ保護指令
平成11年	住民基本台帳法改正、住基ネットの導入
平成15年	個人情報保護関連5法成立 (個人情報の保護に関する法律、行政機関の保有する個人情報の保護に関する法律、独立行政法人等の保有する個人情報の保護に関する法律、情報公開・個人情報保護審査会設置法、行政機関の保有する個人情報の保護に関する法律等の施行に伴う関係法律の整備等に関する法律)
平成25年	行政手続における特定の個人を識別するための番号の利用等に関する法律（マイナンバー法）
平成27年	個人情報保護法改正 　個人情報の範囲の明確化・要配慮個人情報の創設 　匿名加工情報の創設 　個人情報保護委員会の設置
平成28年	行政機関個人情報保護法及び独立行政法人等個人情報保護法の改正
同年	EU　一般データ保護規則（GDPR）　成立 　平成30年施行。EU加盟国に直接適用され、海外企業もEU内のデータ主体に商品やサービスを提供する場合には適用され、また、EUから個人データを移転する場合にも厳格な規制がある。
令和2年	個人情報保護法改正 　いわゆる3年ごと見直しによる改正 　仮名加工情報、個人関連情報の規定の創設
令和3年	個人情報保護法改正 　個人情報保護法制の一元化

プライバシーの権利との関係

　個人情報の保護に関連してよく言及されるのがプライバシーの権利です。プライバシーの権利とは、人格権の一つで、憲法第13条によって保障されているものです。具体的内容についてはいろいろな議論がありますが、もともとは、私事をみだりに公開されないことなど私生活の平穏を保障するものとして理解されていました。それが情報化の進展に伴い、自己に関する情報をコントロールする権利（自己情報コントロール権）と理解されるようになり、また、自己情報コントロール権を具体化したのが個人情報保護法であるという考えが示されたりもするようになりました。なお、自己情報コントロール権について個人情報保護法上で言及するかどうかについては、実際、国会審議でも議論がされましたが、言及されるにはいたっていません。

　ところで、個人情報保護法の目的規定には、「個人の権利利益を保護することを目的とする」（第1条）とあり、そこでいう「個人の権利利益」にはプライバシーの権利、名誉、生活の平穏を乱されないこと、不当な差別を受けないことなどが含まれています。したがって、個人情報保護法に定める義務を遵守することで、プライバシーの権利を含めた個人の権利利益の保護につながるという関係にあるといえます。もっとも、プライバシーと個人情報は同じものではないので、例えば個人情報保護法を遵守しているからプライバシー侵害もないはずだということにはならないので注意が必要です。

　プライバシーの権利が侵害された場合の救済方法としては、不法行為に基づく損害賠償請求や人格権に基づく差止請求が認められています。

3

3 個人情報保護法って、どんな法律なの？

個人情報って、住所・氏名・生年月日、あとは何が含まれる？

個人情報やその他の用語について、法律で定義されているので、確認していきましょう

個人情報保護法の趣旨・目的

　個人情報保護法は、民間事業者と行政機関等に対し、個人情報の取扱いに関する一定の義務を課した法律です。目的について次のように規定されています。

▼個人情報保護法（個人情報の保護に関する法律）

（目的）
第1条　この法律は、デジタル社会の進展に伴い個人情報の利用が著しく拡大していることに鑑み、個人情報の適正な取扱いに関し、基本理念及び政府による基本方針の作成その他の個人情報の保護に関する施策の基本となる事項を定め、国及び地方公共団体の責務等を明らかにし、個人情報を取り扱う事業者及び行政機関等についてこれらの特性に応じて遵守すべき義務等を定めるとともに、個人情報保護委員会を設置することにより、行政機関等の事務及び事業の適正かつ円滑な運営を図り、並びに個人情報の適正かつ効果的な活用が新たな産業の創出並びに活力ある経済社会及び豊かな国民生活の実現に資するものであることその他の個人情報の有用性に配慮しつつ、個人の権利利益を保護することを目的とする。

　目的規定に「個人情報の適正かつ効果的な活用が新たな産業の創出並びに活力ある経済社会及び豊かな国民生活の実現に資するものであることその他の個人情報の有用性に配慮」とあるように、個人情報の保護に関するルールを定めることで、その利活用を安心して行えるようにする、という側面がある点も重要です。

個人情報取扱事業者が守るべきルールの分類

　以下では主に民間部門である個人情報取扱事業者に関する部分について説明します。

　個人情報保護法における規律を確認する際は、個人情報を取得する場面や、他者へ提供する場面など、個人情報を取り扱う場面ごとにルールを確認すると理解しやすいと思います。

1　個人情報を取得・利用する時
　　個人情報の利用目的をできる限り特定し、取得時には、その利用目的を本人に通知又は公表すること等
　　第17条、第20条、第21条等

2　個人情報を保管する時
　　データの内容を正確に保つこと、情報が漏えいしないように安全に管理すること等
　　第22条〜第25条等

3　個人情報を他人に渡す時
　　個人情報を第三者に提供するときは本人の同意を得ることが原則であること、及びその例外要件等
　　第27条、第29条〜第31条等

4　個人情報を外国にいる第三者に渡す時
　　あらかじめ「外国にある第三者への提供を認める」旨の同意を得ること、及びその例外要件等（十分性認定等）
　　第28条等

5　本人から個人情報の開示を求められた時
　　本人からの請求に応じて、個人情報を開示、訂正、利用停止等すること
　　第32 〜 39条等

3

「個人情報」とは〜各種用語の定義

　個人情報保護法には、個人情報の取り扱いに関するルールの対象を明確にするために、「個人情報」をはじめとして、さまざまな用語が登場し、定義が明記されて

います。ですので、ルールを理解する前提として、これらの定義を確認することが
重要です。

個人情報（第2条第1項）
生存する個人に関する情報であって、次のいずれかに該当するもの
1 当該情報に含まれる氏名、生年月日その他の記述等により特定の個人を
　識別することができるもの（他の情報と容易に照合することができ、それ
　により特定の個人を識別することができることとなるものを含む。）
2 個人識別符号が含まれるもの

個人識別符号（第2条第2項）
次の各号のいずれかに該当する文字、番号、記号その他の符号のうち、政令
で定めるものをいう。
1 特定の個人の身体の一部の特徴を電子計算機の用に供するために変換し
　た文字、番号、記号その他の符号であって、当該特定の個人を識別するこ
　とができるもの　（→身体の特徴に基づく符号）
2 個人に提供される役務の利用若しくは個人に販売される商品の購入に関
　し割り当てられ、又は個人に発行されるカードその他の書類に記載され、
　若しくは電磁的方式により記録された文字、番号、記号その他の符号で
　あって、その利用者若しくは購入者又は発行を受ける者ごとに異なるも
　のとなるように割り当てられ、又は記載され、若しくは記録されることに
　より、特定の利用者若しくは購入者又は発行を受ける者を識別すること
　ができるもの　（→個人に割り当てられる符号）
※平成27年改正により個人情報であることが明確化されました。例：指紋、
　DNA、運転免許証番号等

要配慮個人情報（第2条第3項）
本人の人種、信条、社会的身分、病歴、犯罪の経歴、犯罪により害を被った事
実その他本人に対する不当な差別、偏見その他の不利益が生じないようにそ
の取扱いに特に配慮を要するものとして政令で定める記述等が含まれる個
人情報
※センシティブ情報といわれてきたもので、特に厳格な規律を適用するた
　め、平成27年改正により加わりました。

個人関連情報（第2条第7項）

生存する個人に関する情報であって、個人情報、仮名加工情報及び匿名加工情報のいずれにも該当しないもの

※令和2年改正により創設されました。Cookie等により収集された閲覧履歴やサービス利用履歴等、個人情報に該当しない情報が該当します。

情報提供元では個人情報に当たらなくとも、情報提供先では、他の情報と照合することで個人を識別できる場合に、個人関連情報として一定の規律を設けたものです。就職活動サイトの情報提供事件がきっかけです。

個人データ（第16条第3項）

個人情報データベース等を構成する個人情報

※**個人情報データベース等**（第16条第1項）とは、コンピュータ等で検索できるように体系的に構成されたものをいいます。紙でも、氏名を50音順などで整理したファイルなどは該当します。

第三者提供等に関する規制の対象となるのは、個人情報ではなく、個人データです。個人データのうち、個人情報取扱事業者が、開示、内容の訂正、追加又は削除、利用の停止、消去及び第三者への提供の停止を行うことのできる権限を有するものを**保有個人データ**（第16条第4項）といい、本人が個人データに適切に関与することを可能とした規律（第32条〜第39条）の対象となります。

個人情報取扱事業者（第16条第2項）

個人情報データベース等を事業の用に供している者をいう。国の機関や地方公共団体等以外の者。

※民間部門における個人情報の取り扱いに関する規律の適用を受ける者で、ここでいう「事業」とは営利・非営利を問わないので、NPO等も含まれます。なお、当初はその事業の用に供する個人情報データベース等を構成する人数が5000人以下の事業者については、対象外となっていましたが、平成27年改正でこの規定は廃止されました。

なお、報道の自由等を尊重する観点から、報道機関等については適用除外の規定が置かれています（第57条第1項）。

このほか、行政機関等に対する規律に関連して、「保有個人情報」「個人情報ファイル」「行政機関等匿名加工情報」「条例要配慮個人情報」といった用語が定義されています（第60条）。

3

4 個人情報を守るために、どのような規制があるの？

個人情報の取り扱いに関して具体的にはどんなルールが定められているのかな

対象となる情報、問題となる場面ごとに確認しよう

個人情報に関する規制

個人に関する情報のうち、個人情報全般に関わる規制、個人データに関わる規制、その他の規制等について、順に紹介します。

まず、個人情報に関わる規制は以下のとおりです。

【取得する時に関わるルール】

1　偽りその他不正の手段による個人情報取得の禁止　第20条第1項

2　要配慮個人情報の取得は、原則として本人の事前同意が必要　第20条第2項

いくつかの例外が定められている（第20条第2項各号）

・法令に基づく場合

・人の生命・身体・財産保護のために必要で、本人の同意を得ることが困難であるとき

・公衆衛生の向上や児童の健全な育成の推進のために特に必要で、本人の同意を得ることが困難であるとき

・国の機関・地方公共団体・その委託を受けた者が法令の定める事務を遂行することに対して協力する必要がある場合であって、本人の同意を得ることにより当該事務の遂行に支障を及ぼすおそれがあるとき

等

3　取得に際しての利用目的の通知又は公表　第21条第1項

　　取得の状況からみて利用目的が明らかであると認められる場合等の例外が第21条第4項に規定されている

【利用するときに関わるルール】

1　利用目的をできる限り特定しなければならない　第17条第1項

・利用目的の変更は変更前の目的と合理的関連性のある範囲内に限られる
　　第17条第2項

・利用目的を変更した場合には本人へ通知又は公表しなければならない
　第21条第3項

・利用目的達成に必要な範囲を超えて個人情報を取り扱う場合には、本人の事前の同意が必要。ただし例外の規定あり　第18条

2　不適正な利用の禁止　第19条

　　違法又は不当な行為を助長し、又は誘発するおそれがある方法により個人情報を利用してはならない

※令和2年改正で追加されたもので、破産者情報を地図上に示したWEBサイトの問題等が念頭に置かれています。

個人データに関する規制

次に、個人データに関わる規制は以下のとおりです。

【保管する時に関わるルール】

1　データ内容の正確性の確保　第22条

・個人データを正確かつ最新の内容に保つとともに、必要がなくなったときは遅滞なく消去するよう努めなければならない

2　安全管理措置

・個人データの漏えい、滅失又は毀損の防止その他の個人データの安全管理のために必要かつ適切な措置を講じなければならない　第23条

・個人データを取り扱う従業者に対する必要かつ適切な監督　第24条

・個人データの取り扱いを委託した相手に対する必要かつ適切な監督　第25条

【他人（外国にいる第三者を含む）に渡す時に関わるルール】

1　第三者提供に関する規律　第27条

・個人データを第三者へ提供するには、本人からの事前同意が必要

・同意が不要となる例外事由

　・法令に基づく場合

　・人の生命・身体・財産保護のために必要で、本人の同意を得ることが困難であるとき

　・公衆衛生の向上や児童の健全な育成の推進のために特に必要で、本人の同意を得ることが困難であるとき

　・国の機関・地方公共団体・その委託を受けた者が法令の定める事務を遂行することに対して協力する必要がある場合であって、本人の同意を得ることにより当該事務の遂行に支障を及ぼすおそれがあるとき

　・学術研究機関等が提供する場合で、当該提供が学術研究の成果の公表又は教授のためやむを得ないとき（個人の権利利益を不当に侵害するおそれがある場合を除く。）

　・学術研究機関等が提供する場合で、当該個人データを学術研究目的で提供する必要があるとき（当該個人データを提供する目的の一部が学術研究目的である場合を含み、個人の権利利益を不当に侵害するおそれがある場合を除く。）（当該個人情報取扱事業者と当該第三者が共同して学術研究を行う場合に限る。）

　・提供を受ける第三者が学術研究機関等である場合で、提供を受けた当該個人データを学術研究目的で取り扱う必要があるとき（当該個人データを取り扱う目的の一部が学術研究目的である場合を含み、個人の権利利益を不当に侵害するおそれがある場合を除く。）

・個人情報取扱事業者が利用目的達成に必要な範囲で個人データの取扱いを委託する行為等は第三者提供に該当しない（第27条第5項）

・オプトアウト　次節で説明

2　外国の第三者への提供　第28条

・外国にある第三者への個人データの提供を認める旨の同意が必要。日本と同等の水準にあると認められる個人情報保護制度を有していると認定された国の第三者への提供等は例外となる

・クラウドの活用などにより個人情報の越境移転の機会が広がったことを背景に、令和2年改正により、提供先の外国における個人情報保護制度等

参考になる情報の提供義務が課された

3　第三者提供に係る記録の作成、確認

名簿屋対策としてトレーサビリティの確保のための規律

・第三者への提供時の記録の作成・保存義務　第29条

・第三者から個人データの提供を受ける際の、第三者による個人データ取得

　経緯の確認とその記録の作成・保存義務　第30条

4　個人関連情報の第三者提供

・個人関連情報について、提供先で他の情報と照合することで個人データと

　されることが想定されるときは、あらかじめ本人の同意が得られているこ

　と等の確認をしなければならない　第31条

【保有個人データに関する規制】

1　本人関与に関わる義務　第32条〜第39条

・保有個人データについて、開示、訂正等、利用停止等を請求できる

・OECD8原則のうち、公開の原則及び個人参加の原則に対応

・自己情報コントロール権の具体化と位置付けることもできる

3

その他の規制等

その他の規制等について紹介します。

漏えい等の報告義務（第26条）

　個人の権利利益を害するおそれが大きい個人データの漏えい・滅失・毀損が発生した場合に、個人情報保護委員会への報告及び本人への通知を行わなければならない。

　それまではガイドライン上の努力義務だったが、令和2年改正により追加されました。

域外適用（第171条）

　国内の者に対する物品又はサービスの提供に関連して、国内の者を本人とする個人情報等が外国において取り扱われる場合にも、個人情報保護法を適用することを定めたもの。

令和2年改正により、域外適用の対象となる事業者の範囲や個人情報保護委員会の権限に関する制限がなくなりました。

実効性確保の手段

　個人情報保護法は、勧告・命令等の権限を持つ個人情報保護委員会の監督によって、義務を遵守させる仕組みとなっています。個人情報保護委員会の命令に違反した場合などの刑事罰も規定され、法人への両罰規定も定められています。

　なお、海外では多額の課徴金を課される事例を聞きますが、日本では議論はされたものの、現時点では課徴金の導入は見送られました。

　なお、個人情報保護法には、3年ごとの見直し規定というものが設けられています（令和2年改正法（令和2年法律第44号）附則第10条）。この法律の施行後3年ごとに、個人情報の保護に関する国際的動向、情報通信技術の進展、それに伴う個人情報を活用した新たな産業の創出及び発展の状況等を勘案し、個人情報保護法の施行の状況について検討を加え、必要があると認めるときは、その結果に基づいて所要の措置を講ずるものとされています。令和2年改正は3年ごと見直し規定による改正でした（平成27年改正法（平成27年法律第65号）附則第12条第3項によるもの）。

5 個人情報の利活用に関して、どのような仕組みがあるの?

匿名加工情報とか聞くけど、氏名がわからないようにすれば
いろんな用途に情報を使えちゃうってことかな

厳格な加工の基準が定められているよ。情報の利活用と個人
情報の保護を両立するための仕組みが設けられているよ

第三者提供の原則と例外

　第三者提供について制限がなされるのは、個人データが無制限に転々としてしまえば、個人の権利利益の重大な侵害に繋がりかねないからです。一方、個人情報保護法の目的規定 (第1条) にも「個人情報の適正かつ効果的な活用が新たな産業の創出並びに活力ある経済社会及び豊かな国民生活の実現に資するものであることその他の個人情報の有用性に配慮しつつ」とあるとおり、個人情報の有用性もまた、社会一般に認められています。そこで、個人情報の保護と利活用のバランスに配慮して規律されたのが第三者提供に関する規定です。

　個人データを第三者に提供することは原則として禁止され、提供をするためには、一定の事由がある場合を除いては、本人の事前の同意が必要とされています（**オプトイン原則**、第27条第1項）。

　他方、以下の要件を満たす場合には、本人の求めがあった際に提供を停止する（**オプトアウト**）ことを前提に、本人の事前の同意なしに個人データを第三者に提供することが可能となっています（第27条第2項〜第4項）。

オプトアウトの要件
以下の8項目について、あらかじめ本人に通知又は容易に知りうる状態に置くとともに、個人情報保護委員会に届出

1) 氏名又は名称及び住所等

2) 第三者提供を利用目的とすること

3) 提供される個人データの項目

4) 当該個人データの取得の方法

5) 第三者への提供の方法

6) 本人の求めに応じて提供を停止すること

7) 本人の求めを受け付ける方法

8) 個人情報保護委員会規則で定める事項（施行規則第11条第4項）

　　第三者に提供される個人データの更新の方法

　　第三者への提供を開始する予定日

　オプトアウトの届出をしている事業者は、個人情報保護委員会のWEBサイトで公表されています（第27条第4項）。

　ただし、要配慮個人情報、不正に取得した個人データ及びオプトアウト規定により提供された個人データは、オプトアウトによる提供はできません（第27条第2項ただし書）。後2つはいわゆる名簿屋対策を念頭に令和2年改正により追加されました。

匿名加工情報・仮名加工情報

　匿名加工情報の制度は、個人に関する膨大な情報をビッグデータとして収集・分析する場合を念頭に、データ利活用と本人の保護との両立を図るための規律として平成27年改正により導入されました。

　匿名加工情報とは、個人情報に含まれる記述等の一部又は個人識別符号の全部を削除することで特定の個人を識別することができないように個人情報を加工して得られる個人に関する情報であって、当該個人情報を復元することができないようにしたものをいいます（第2条第6項）。どの程度加工すればよいのかの基準は別途定められています（第43条第1項、施行規則第34条）

　個人が識別でき、復元もできないよう厳格な加工基準を設けるとともに、作成時の情報項目の公表義務を課し、第三者に提供するときには情報の公表に加え、当該第三者に対して匿名加工情報である旨を明示するなどの規律を置くなどして安全性を確保することで、本人の同意なく第三者へ提供することを可能としました。また、匿名加工を施すことによって個人情報には該当しなくなりますから、利

用目的の制限も受けません。これにより、例えばポイントカードの購買履歴を複数の事業者間で分野横断的に収集分析することで新たなサービスの創出につなげるなどの活用が想定されています。

　仮名加工情報の制度も、データ利活用に関する施策として、令和2年改正により導入されました。

　仮名加工情報とは、個人情報に含まれる記述等の一部又は個人識別符号の全部を削除することで他の情報と照合しない限り特定の個人を識別することができないように個人情報を加工して得られる個人に関する情報をいいます（第2条第5項）。どの程度加工すればよいのかの基準は別途定められています（第41条第1項、施行規則第31条）。

　仮名加工情報は、単体では個人を識別できませんが、加工前の元データ等事業者が保有している他の情報と照合すれば個人を識別できるので、原則として「個人情報」に該当するものです。匿名加工情報の場合は、個人情報を復元できない状態とすることまで求められているため、この点で異なります。

　仮名加工情報は、利用目的変更に関する制限（第17条第2項）の適用が排除されている（第41条第9項）ため、個人情報取得時に通知していた目的以外の利用目的で利用することができます（ただし、変更した利用目的の公表が必要です。第41条第4項、第21条第3項）。開示・利用停止等の請求の対象にならない点も特徴です。もっとも、第三者へ提供することは禁止されています（第41条第6項、第42条）。事業者が持つ顧客データや購買履歴を仮名加工情報に加工し、社内での分析・検討、例えば新たなサービスの事業計画の検討に利用する等の活用が想定されています。

▼仮名加工情報と匿名加工情報の比較

	仮名加工情報	匿名加工情報
加工基準	特定の個人を識別できる記述や個人識別符号を削除	左記に加えて、特異な記述の削除等が必要。例えば極めて高い年齢だと、年齢だけの情報で個人を特定できてしまうため、そのような珍しい事実等の削除が必要
作成時	安全管理措置	左記に加えて、匿名加工情報に含まれる個人に関する情報の項目を公表
利用時	利用目的の変更は自由（公表が必要）	利用目的の制限なし
提供時	第三者提供は禁止	第三者提供は自由（公表が必要）

※上記は主な点のみで、全ての規律を記載しているわけではありません。

3

　これまでさまざまな用語と定義が出てきましたが、個人情報にあたるものから個人情報に該当しないものまで、法的には、以下の情報があることになります。

①　未加工の個人情報
②　仮名加工情報として取り扱わない仮名化情報
③　個人情報に該当する仮名加工情報
④　個人情報に該当しない仮名加工情報
⑤　匿名加工情報
⑥　個人関連情報
⑦　統計情報

　②**仮名加工情報として取り扱わない仮名化情報**というのは、組織内でデータを保管、分析、共有する際に氏名等をマスキング処理して個人を特定できないようにしたデータで、従前から組織内での利活用のために活用されていたものです。仮名化情報が、客観的に仮名加工情報の加工基準を満たしていたとしても、仮名加工情報として取り扱う意図がない場合には、仮名加工情報にはなりません。その場合、従前どおり個人情報としての規律が適用されます。

　④**個人情報に該当しない仮名加工情報**とは何でしょうか。上述のとおり、仮名加工情報は、単体では個人を識別できませんが、通常、事業者は加工前の元データを保有しているため、その情報と照合することで容易に特定の個人を識別できます。この点で、原則として「個人情報」に該当します。しかし、例えば仮名加工情報の取扱いの委託を受けて仮名加工情報の提供を受けた事業者は、加工前のデータを保有していないため、他の情報と容易に照合することで特定の個人を識別することはできません。したがって当該事業者が提供を受けた仮名加工情報は個人情報に該当しません。この場合、第42条の規定が適用されます（個人情報取扱事業者に対する規制は適用されません）。

　⑦**統計情報**というのは、複数人の情報から共通要素についての項目を抽出して同じ分類ごとに集計して得られるデータであり、集団の傾向等を把握するために用いるもので、特定の個人に関する情報ではありません。匿名加工情報は、特定の個人を識別できないよう加工されたもので個人情報に該当しない点で統計情報と重なりますが、ある人物の購買履歴の情報であるなど、あくまで個人に関する情報である点で、統計情報とは区別されます。

6 個人情報保護法制の一元化によって、何が変わるの？

個人情報保護法制の一元化って何がいいのかな？

規制の不均衡や不整合が解消されるので、情報連携がスムーズになるなどのメリットがあるよ

個人情報保護法制の一元化

3

　令和3年改正により、個人情報保護法、行政機関個人情報保護法、独立行政法人等個人情報保護法の3法を1本の法律に統合し、地方公共団体における個人情報保護制度についても全国共通のルールを設定する、いわゆる個人情報保護法制の一元化が実現しました。

　令和3年の改正前は、民間事業者、国の行政機関、独立行政法人、そして1700以上ある地方公共団体のそれぞれに別々の個人情報の保護に関する規律が適用されていました。そうすると、例えば、国立病院と公立病院、民間病院では、同じ病院でもそれぞれが別の個人情報保護に関する規律の適用を受けるため、規制の不均衡や不整合があったり、解釈が異なったりし、情報の連携に支障が生じるということがありました。この問題を、別々に存在する個人情報保護に関する規律の数に由来して**2000個問題**と言っています。個人情報保護法制の一元化は、この「2000個問題」の解消を図るもので、今後は官民や地域の枠を超えたデータ利活用の活発化が期待されています。

個人情報に関わるその他の規律

　情報の利活用のためには、その安全性の確保のための規律が欠かせません。どこまでが適法なのかが不透明であれば情報の利活用は進みませんし、逆に不適切な取り扱いが横行するリスクもあります。デジタル社会の進展に伴い、情報利活用

のニーズはますます高まっており、個人情報に関わる規律はあらゆる分野で重要性を増しています。

　そのため、例えば個人情報保護委員会は、他省庁と共に、個人情報の取り扱いに関し特定分野に適用されるガイドラインやガイダンスを公開しています。現在、金融関連分野、医療関連分野、情報通信関連分野のガイドライン等があります。また、各省庁からも関連する指針が出されており、例えば医療分野では厚生労働省「**医療情報システムの安全管理に関するガイドライン**」、総務省・経済産業省「**医療情報を取り扱う情報システム・サービスの提供事業者における安全管理ガイドライン**」等があり、防災分野では内閣府「**防災分野における個人情報の取扱いに関する指針**」があります。

　また、個人情報保護法とは別の法律で関連する規律が設けられる例もあります。平成29年に成立した**次世代医療基盤法**（医療分野の研究開発に資するための匿名加工医療情報に関する法律）がその例です。これは国の認定を受けた機関が医療情報の匿名加工・集積を担うことで、医療情報の利活用を促進する仕組みを作るものです。令和5年には、仮名加工医療情報の作成・利用に関する仕組みを創設するなどの改正がされました（法律名も、「医療分野の研究開発に資するための匿名加工医療情報及び仮名加工医療情報に関する法律」となりました）。

　また、**電気通信事業法**においても、令和4年改正により、個人情報に関わる規制が設けられました。Cookie規制と呼ばれるもので、Cookie情報送信の際に利用者に確認の機会を付与するための規制です。

個人情報保護委員会の役割

　個人情報保護法の実効性確保のために重要な役割を担っているのが、個人情報保護委員会です。**個人情報保護委員会**は、内閣府の外局として設置された機関で、職権行使について高度の独立性を有しています（第130条、第133条、第136条等）。もともと民間事業者における個人情報の取扱いについて監督を行っていましたが、令和3年改正により、民間事業者だけでなく、国の行政機関、独立行政法人等、地方公共団体等の全てにおける個人情報の取扱いを監視・監督することとなりました。

　個人情報の適正な取扱いを確保するため、必要な報告や資料提出を求めることや立入検査を行うこと（第146条。行政機関等に対しては実地調査。第156条）、指導・助言を行うこと（第147条等）、勧告・命令を行うこと（第148条。行政機

関等に対しては勧告のみ。第158条）等により、監視・監督を行います。

　個人情報保護委員会のWEBサイトには、法令のわかりやすい説明やガイドライン・FAQがまとめられていたり、個人情報関連の注意情報が更新されるなど、情報が充実しているので適宜確認するとよいと思います。

3

著作権法って、どんな法律なの?

 漫画やアニメを無断でアップロードすると著作権侵害になると聞いたけど…

 著作権法では、文章や音楽、写真など、様々な著作物についての権利が定められているよ

著作権法とは?

著作権という言葉は、誰もが一度は聞いたことがあるのではないかと思いますが、その著作権の保護について定める法律が**著作権法**です。

文化庁の作成している「著作権テキスト」によると、著作権の保護の歴史は古く、ヨーロッパ諸国では、18世紀から19世紀にかけて、著作権の保護に関する法律が作られ、国を越えて著作権を保護するため、1886年には、10カ国がスイスのベルヌに集まり、著作権保護の基本条約である「ベルヌ条約(文学的及び美術的著作物の保護に関するベルヌ条約)」が作成されています。

日本においては、1899(明治32)年に「著作権法」が制定され、この年に、「ベルヌ条約」も締結しています。その後、1970年にこの(旧)著作権法については全面改正が行われ、現在の著作権法が制定されました。

著作権法の目的は、第1条で以下のように定められています。

▼著作権法

> (目的)
> 第1条　この法律は、著作物並びに実演、レコード、放送及び有線放送に関し**著作者の権利及びこれに隣接する権利を定め、これらの文化的所産の公正な利用に留意しつつ、著作者等の権利の保護を図り、もつて文化の発展に寄与する**ことを目的とする。

著作物が、文化の形成とその発展の基盤をなすものであることを前提として、著作物を創作した者に「著作権」という権利を与えるとともに、無許諾での利用等

を防止できるよう、適切に権利の保護を図ることとされています。一方で、公益性の高い利用など一定の場合には、社会一般の利用に供することができるよう「公正な利用に留意」することとされています。

　著作物の利用については、具体的には、「著作権の制限」という形で、著作物の公正な利用を図るための規定が置かれています。これらの規定は、著作権者の側から見ると、(許諾を与えたりできるという) 権利の制限となるわけですが、一般の側からすれば利用の促進に関する規定ということになります。

著作物とは？

　では、著作権の対象となる**著作物**とは、どのようなものでしょうか？

　著作権法では、著作物を「思想又は感情を創作的に表現したものであって、文芸、学術、美術又は音楽の範囲に属するものをいう。」と定義しています (第2条第1項第1号)。

　「思想又は感情」を表現したものとされていますので、単なる「事実」を表現したものは著作物ではありません。また、「創作的に」とは、創った人の個性が多少なりとも表れていれば著作物であるとされていますので、模写や複製物、ありふれた表現などは含まれません。

　最後に「文芸、学術、美術又は音楽の範囲に属するもの」とありますが、具体的には、第10条で、著作物の種類が列挙されていますので、そちらを参照していただくとイメージが湧きやすいと思います。

▼**著作権法**

（著作物の例示）
第10条　この法律にいう著作物を例示すると、おおむね次のとおりである。
　　一　小説、脚本、論文、講演その他の言語の著作物
　　二　音楽の著作物
　　三　舞踊又は無言劇の著作物
　　四　絵画、版画、彫刻その他の美術の著作物
　　五　建築の著作物
　　六　地図又は学術的な性質を有する図面、図表、模型その他の図形の著作物
　　七　映画の著作物
　　八　写真の著作物
　　九　プログラムの著作物
　2　事実の伝達にすぎない雑報及び時事の報道は、前項第1号に掲げる著作物に該当しない。

3

このような「著作物」の定義を踏まえると、インターネット上に掲載されているブログや写真、動画などは、言語の著作物、写真の著作物、映画の著作物に当たる可能性があります。（著作権には登録などの手続は不要で、創作性さえあれば自動的に発生するため、一般人が作成した文章やイラストなどにも著作権は発生します。インターネット上で流通するコンテンツの多くには著作権があると考えておいた方がよいと思います。）

　なお、データベースの著作権については、別途条文が設けられています。個々のデータが著作物に当たらない場合も、データの集合物としてデータベースを構築する際に、「情報の選択」や「体系的な構成」に創作性が認められる場合には、著作物として保護されるという定めになっています。

▼著作権法

（データベースの著作物）
第12条の2　**データベースでその情報の選択又は体系的な構成によつて創作性を有するものは、著作物として保護する。**
2　前項の規定は、同項のデータベースの部分を構成する著作物の著作者の権利に影響を及ぼさない。

著作権の種類

　著作権とは、著作物を創作した者（著作者）に与えられる、著作物の利用を許諾したり、禁止したりすることのできる権利です。具体的な権利としては、著作物をコピーしたり（複製権（第21条））、インターネットで発信する権利（公衆送信権（第23条））などが認められています。（これらの複製権や公衆送信権などの具体的な権利は**支分権**と呼ばれます。著作権は、これらの支分権が束になっている権利とイメージしてもらえるとよいかと思います。）そして、これらの具体的な権利（支分権）に触れるような行為を、著作者以外の者が行う場合には、原則、著作者の許諾を得ることが必要となります。（私的使用のための複製（第30条）など、例外的に許諾が不要な場合もあります。）

　著作権法で、著作者に認められる著作権については、第21条から第28条で列挙されていますが、表でまとめると以下のようになります。

▼著作権（財産権）の種類と概要

権利の種類	概要
複製権（第21条）	手書き、印刷、写真撮影、複写、録音、録画、パソコンのハードディスクやサーバへの蓄積など、著作物を「形のある物に再製する」（コピーする）ことに関する権利
上演権・演奏権（第22条）	無断で著作物を公衆向けに「上演」（演劇等の場合）や「演奏」（音楽の場合）されない権利
上映権（第22条の2）	映写機等を用いて、著作物を公衆向けに「上映」する（スクリーンやディスプレイに映し出す）ことに関する権利
公衆送信権（第23条）	放送、有線放送、インターネット等で、著作物を公衆向けに送信することに関する権利
口述権（第24条）	朗読などの方法により、著作物を公衆に伝達すること（演劇的な著作物の口演は除く。）に関する権利（小説等の「言語の著作物」のみが対象）
展示権（第25条）	著作物を公衆向けに「展示」することに関する権利（「美術の著作物の原作品」と「未発行の写真の著作物の原作品」が対象）
譲渡権（第26条の2）	著作物の原作品又は複製物の公衆向けの譲渡に関する権利
貸与権（第26条の3）	著作物を「複製物の貸与」という方法によって公衆に提供することに関する権利
頒布権（第26条）	著作物の公衆向けの「譲渡」と「貸与」の両方を対象とする権利（「映画の著作物」（映画、アニメ、ビデオなどの録画されている動く影像）のみが対象）
翻訳権、翻案権等（第27条）	著作物（原作）を、翻訳、編曲、変形、脚色、映画化などにより、創作的に「加工」することによって、「二次的著作物」を創作することに関する権利
二次的著作物の利用権（第28条）	著作物（原作）を基に創られた「二次的著作物」を第三者が利用する場合に関する権利

3

出典：文化庁「令和4年度著作権テキスト」（https://www.bunka.go.jp/seisaku/chosakuken/seidokaisetsu/93726501.html）をもとに作成

　これらの著作権についての侵害があった場合には、著作権者は、侵害者に対して、侵害行為の差止請求（112条1項）や、損害賠償請求（民法709条）などを行うことができます。また、著作権侵害については刑事罰も定められており、被害者である著作権者が告訴を行って、侵害者の処罰を求めることも可能となっています。

　インターネット上の著作物の「複製」や、インターネットでの情報の発信（「公衆送信」）を行う際には、これらに関する著作権者の権利を侵害していないか注意が

必要です。

　なお、説明を省略しましたが、著作権者には、上記の著作権（財産権）のほかに「著作者人格権」（第18条から第20条）が認められており、放送事業者などの著作物の伝達に関わる者には、「著作隣接権」（第89条等）が認められていますので、関心のある方は、条文等に当たってみていただければと思います。

8 著作権法は、どのようにデジタル化に対応しているの？

好きなマンガを紹介するために画像を載せると、著作権侵害になってしまうのかな？

著作権法では、著作者の許諾なく著作物を利用できる場合も定められているよ

著作物が自由に使える場合（権利制限規定）

3

　前節で、著作物を利用する場合には、著作者の許諾が必要なことを説明しましたが、著作者に無断で著作物を利用することが全て著作権侵害になるわけではありません。著作権法では、一定の例外的な場合に著作権等を制限して、著作権者等に許諾を得ることなく利用できることも定められています（第30条〜第50条）。

　著作権法の目的には、「公正な利用」や「文化の発展に寄与する」といったことも掲げられていました。著作物等を利用しようとするたびに、著作権者の許諾を受け、必要であれば使用料を支払わなければならないとすると、文化的所産である著作物の公正で円滑な利用が妨げられ、文化の発展に寄与するという著作権制度の趣旨に反することにもなりかねないことから、このような著作権の制限に関する規定（権利制限規定）が置かれているわけです。

　著作権が制限され（つまり、著作権者の許諾なく）、利用者が自由に使える場合については、著作権法で詳細に定められていますが、例えば、以下のようなものは、デジタル化された著作物の利用の場面でも関係が深いものと思われます。

- ・私的使用のための複製（第30条）
- ・引用（第32条）
- ・電子計算機における著作物の利用に付随する利用等（第47条の4）

- 電子計算機による情報処理及びその結果の提供に付随する軽微利用等（第47条の5）
- 著作物に表現された思想又は感情の享受を目的としない利用（第30条の4）

これらのうち、**私的使用のための複製**や**引用**は、比較的分かりやすい例ではないかと思います。レンタルCDを借りて自分で聞くためにカセットテープに録音したり、レポートや論文に他の文献を引用したりするような場合と同様に、インターネット上の著作物についても、私的使用のためにダウンロードしたり、自分のブログに引用したりすることができます。（複製物の目的外使用の禁止（第49条）や、引用の際の出所の明示（第48条）など、他にも細かい定めがありますが、ここでは概略の説明にとどめています。）

その他の「電子計算機における著作物の利用に付随する利用等」などは、デジタル化に対応して追加された規定となっています。詳しくは次項で説明しますが、これらの規定によって、情報通信技術の進展も踏まえた、著作物の保護と利用のバランスが図られるようになっています。

デジタル化に対応した権利制限規定

先程述べた通り、著作権法では、デジタル化やインターネットの普及に対応して、権利制限規定に関する条文が追加されてきたという経緯があります。

まず、第47条の4の「電子計算機における著作物の利用に付随する利用等」に関する規定は、インターネットを利用する際にパソコンなどに一時的に保存される「キャッシュ」と呼ばれるデータが、デジタル化された著作物の複製に該当する場合があることから、こうしたキャッシュの複製や保存が著作権の侵害にならないことを明確にするため、2009年の著作権法改正によって設けられたものです。

▼著作権法

（電子計算機における著作物の利用に付随する利用等）
第47条の4　電子計算機における利用（情報通信の技術を利用する方法による利用を含む。以下この条において同じ。）に供される著作物は、次に掲げる場合その他これらと同様に当該著作物の電子計算機における利用を円滑又は効率的に行うために当該電子計算機における利用に付随する利用に供することを目的とする場合には、その必要と認められる限度において、いずれの方法によるかを問わず、利用することが

できる。ただし、当該著作物の種類及び用途並びに当該利用の態様に照らし著作権者の利益を不当に害することとなる場合は、この限りでない。

一　電子計算機において、著作物を当該著作物の複製物を用いて利用する場合又は無線通信若しくは有線電気通信の送信がされる著作物を当該送信を受信して利用する場合において、これらの利用のための当該**電子計算機による情報処理の過程において、当該情報処理を円滑又は効率的に行うために当該著作物を当該電子計算機の記録媒体に記録するとき。**

二、三　（略）

　非常に複雑な言い回しになっていますが、下線部分を見ていただくと、キャッシュのことを想定している規定ぶりとおわかりいただけるかと思います。キャッシュの保存は、あくまでも「パソコン等でデータを効率的に処理するため」に行うものであるという整理で、このような場合には権利者の許可を得ることなく複製ができる、という規定となっています。

　次に、第47条の5の「電子計算機による情報処理及びその結果の提供に付随する軽微利用等」は、検索エンジン事業者等が、検索サービスを提供するために、インターネット上で収集した情報をサーバに複製する行為について、著作権侵害とならないことを明確にしたものです。（現在の規定は、当初、検索エンジンサービスにのみ適用されてきた権利制限規定（改正前の47条の6）が改正され、対象の拡大などが図られたものとなっています。）

　長文となるため、条文については、割愛させていただきます。

　最後に、第30条の4の「著作物に表現された思想又は感情の享受を目的としない利用」については、AIの開発のための機械学習で著作物を利用する場合などに関する規定が置かれています。

▼著作権法

（著作物に表現された思想又は感情の享受を目的としない利用）
第30条の4　著作物は、次に掲げる場合その他の当該著作物に表現された思想又は感情を自ら享受し又は他人に享受させることを目的としない場合には、その必要と認められる限度において、いずれの方法によるかを問わず、利用することができる。ただし、当該著作物の種類及び用途並びに当該利用の態様に照らし著作権者の利益を不当に害することとなる場合は、この限りでない。

一　（略）

二　**情報解析（多数の著作物その他の大量の情報から、当該情報を構成する言語、音、影像その他の要素に係る情報を抽出し、比較、分類その他の解析を行うことを**

　著作権のあるコンテンツを収集して、機械学習のための学習用データとしてコンピュータに記録するような場合にも、著作物の複製権が及びますが、この条文が設けられたことによって、機械学習などの情報解析を目的とする場合には、必要な限度で、他人が著作権を有するコンテンツを自由に利用できることになります。

　以上、3つの条文について紹介しましたが、著作権が情報の流通の妨げにならないようにする対応や、情報解析のためのデータの利活用を推進のための対応など、デジタル化の進展に応じて、必要な法整備が図られてきていることが見て取れるかと思います。

オンライン授業での著作物の利用（授業目的公衆送信補償金制度）

　コロナ禍において、各学校では、オンライン授業での対応を行うことが必要となりましたが、授業をオンラインで行う場合についても、著作物を含む教材などを送信したり、サーバにアップロードすることは「公衆送信」に当たるため、著作権者の許諾を得ることなどが課題となっていました。（従来の教室授業では、必要かつ適切な範囲で著作物の複製が、著作権者の許諾なく、無償で可能でした。）

　こうしたオンライン授業での著作物の利用という課題に対応するため、2018年の法改正で、**授業目的公衆送信補償金制度**が創設されました。この制度の下では、ICTの活用により授業の過程で利用するために必要な公衆送信については、個別に著作権者等の許諾を得ることなく行うことができます。ただし、著作権者の利益の保護とのバランスを図る観点から、制度を利用する教育機関の設置者が補償金を支払うことが必要となっています。（なお、コロナ禍での教育機関の状況等に鑑みて、2020年度については補償金が無償とされました。）

　授業目的公衆送信補償金制度に関する条文は、以下のようになっています。

▼著作権法

（学校その他の教育機関における複製等）
第35条　学校その他の教育機関（営利を目的として設置されているものを除く。）にお

いて教育を担任する者及び授業を受ける者は、その授業の過程における利用に供することを目的とする場合には、その**必要と認められる限度において、公表された著作物を複製し、若しくは公衆送信（自動公衆送信の場合にあつては、送信可能化を含む。以下この条において同じ。）を行い、又は公表された著作物であつて公衆送信されるものを受信装置を用いて公に伝達することができる。**ただし、当該著作物の種類及び用途並びに当該複製の部数及び当該複製、公衆送信又は伝達の態様に照らし著作権者の利益を不当に害することとなる場合は、この限りでない。

2　前項の規定により**公衆送信を行う場合には、同項の教育機関を設置する者は、相当な額の補償金を著作権者に支払わなければならない。**

　なお、条文にも明記されていますが、この制度の対象となるのは、学校などの非営利の教育機関であり、学習塾やオンライン英会話などは対象には含まれません。また、授業以外の学校の活動（学校説明会や保護者会など）には、この制度を使うことはできません。

3

9 官民データ活用推進基本法って、どんな法律なの？

国や地方自治体では、データの公開に取り組むことが義務付けられているの？

官民データ活用推進基本法で、データの利活用に向けた、オープンデータの推進が定められているよ

官民データ活用推進基本法制定の背景

　ここまで、個人情報保護法や著作権法など、どちらかといえばデータの保護に重点が置かれた法律を見てきましたが、データの利活用に関する法律として、2016年に、**官民データ活用推進基本法**という法律が制定されています。

　その名の通り、国・地方自治体や民間企業が保有するデータの適正・効果的な活用を推進するための法律で、これらのデータの活用を推進することで、自立的で個性豊かな地域社会の形成、新事業の創出、国際競争力の強化などを目指すことなどが基本理念として掲げられています。

　官民データ活用推進基本法は、2016年に、いわゆる議員立法として提案され、成立した法律です。2000年に、IT基本法（高度情報通信ネットワーク社会形成基本法）が成立した後に、情報通信技術の進展により生じたビッグデータの活用等の新たな課題に対応するために、新たな法律が必要ということで制定されました。IT基本法制定後のデジタル化の進展による変化への対応という意味では、2014年に議員立法として成立した「サイバーセキュリティ基本法」も、同様の背景を持つものとなっています。

　社会のデジタル化の進展に対応する法律としては、マイナンバー法（行政手続における特定の個人を識別するための番号の利用等に関する法律）（2013年）やサイバーセキュリティ基本法（2014年）、個人情報保護法の改正（2015年）のように、データの保護に関する法整備が先行している状況でしたが、官民データ活用推進

基本法の制定によって、データの利活用を推進するための基盤が整えられたと見ることができると思います。

　官民データ活用推進基本法の制定の背景には、情報通信技術の進展により、膨大な情報がインターネットでやり取りされ、家電などを含め様々な機器がインターネットを通じてデータをやり取りするようになっているという状況があります。また、こうした膨大なデータを扱うためのAI技術の活用も進んできています。
　このような背景もあり、この法律では、AI（人工知能）やIoT（インターネット・オブ・シングス）などの新たな技術に関する法律上の定義が置かれています。
　例えば、AI、IoT活用関連技術については、以下のように定義されています。

▼官民データ活用推進基本法

（定義）
第2条
2　この法律において「**人工知能関連技術**」とは、人工的な方法による学習、推論、判断等の知的な機能の実現及び人工的な方法により実現した当該機能の活用に関する技術をいう。
3　この法律において「**インターネット・オブ・シングス活用関連技術**」とは、インターネットに多様かつ多数の物が接続されて、それらの物から送信され、又はそれらの物に送信される大量の情報の活用に関する技術であって、当該情報の活用による付加価値の創出によって、事業者の経営の能率及び生産性の向上、新たな事業の創出並びに就業の機会の増大をもたらし、もって国民生活の向上及び国民経済の健全な発展に寄与するものをいう。

3

官民データ活用推進基本法の主な内容

　官民データ活用推進基本法の主な内容についてですが、まずこの法律の構成を見てみると、以下のようになっています。

目次
第1章　総則（第1条—第7条）
第2章　官民データ活用推進基本計画等（第8条・第9条）
第3章　基本的施策（第10条—第19条）

　第1章の総則では、官民のデータ活用の推進に関する基本理念や、国・地方自

治体・事業者の責務などの条文が置かれています。AI（人工知能）やIoT（インターネット・オブ・シングス）などの新技術に関する法律上の定義が置かれているのも、この第1章の中になります。

　第2章では、「官民データ活用」を推進するための計画の策定を、政府、都道府県、市町村に求める規定が置かれています。

　計画の策定については、国と都道府県については義務、市町村については努力義務となっています。なお、国の官民データ活用の推進に関する計画については、デジタル社会形成基本法の第37条に基づいて策定している「デジタル社会の形成に関する重点計画」と一体的な形で策定されています。

　最後の第3章では、「官民データ活用」に関連する、基本的な施策に関する条文が置かれていますが、具体的には、以下のような規定が置かれています。

- ・手続における情報通信技術の利用等（第10条）
- ・国及び地方公共団体等が保有する官民データの容易な利用等（第11条）
- ・個人番号カードの普及及び活用に関する計画の策定等（第13条）
- ・情報システムに係る規格の整備及び互換性の確保等（第15条）

　これらは、基本的な施策に関する条文の一部ですが、行政手続などでのオンライン利用の原則化、国や地方自治体のデータの活用推進（オープンデータ化）、マイナンバーカードの普及・活用、国や地方自治体のシステムの規格整備や互換性確保といった、多岐にわたる条文が置かれています。

　このように、法律の名称は「官民データ活用推進基本法」ですが、いわゆる「オープンデータ」の取組を法律として位置付けるだけでなく、データの利活用に向けて、デジタル化の推進に関する幅広い内容が定められた法律となっています。

　なお、第10条については、その後、2019年に、行政手続のオンライン化を原則とする「デジタル手続法（情報通信技術を活用した行政の推進等に関する法律）」が成立していますし、第15条については、2021年に、「自治体システム標準化法（地方公共団体情報システムの標準化に関する法律）」が制定されています。こうした重要な法整備につながる事項が、この法律の中で、すでに盛り込まれていたということがわかります。

「オープンデータ」の推進

　官民データ活用推進基本法の第11条では、国と地方自治体が保有する「官民データ」について、「オープンデータ化」に取り組むことが義務付けられています。

▼官民データ活用推進基本法

（国及び地方公共団体等が保有する官民データの容易な利用等）

第11条　**国及び地方公共団体は、自らが保有する官民データについて**、個人及び法人の権利利益、国の安全等が害されることのないようにしつつ、**国民がインターネットその他の高度情報通信ネットワークを通じて容易に利用できるよう、必要な措置を講ずるものとする**

　この規定を踏まえ、国・地方自治体・事業者が公共データの公開及び活用に取り組む上での基本方針として、IT戦略本部・官民データ活用推進戦略会議決定という形で、**オープンデータ基本指針**が策定されています。このオープンデータ基本指針では、オープンデータの基本事項（定義・意義、公開のルール等）が示されており、直近の改正では、利用ニーズの高いデータの公開促進と公開データの機械判読性を強化する観点からの改正が行われています。

　オープンデータ基本指針では、「オープンデータ」の定義として、(1) 営利目的、非営利目的を問わず二次利用可能なルールが適用されたもの、(2) 機械判読に適したもの、(3) 無償で利用できるもの、との要件が示されています。（機械判読性が一つの柱となっている点などは、「オープンデータ」の取組が、データの利活用を目的としていることが端的に表れていると思います。）

　なお、地方自治体における取組に関しては、オープンデータ基本指針の策定に加え、地方自治体がオープンデータに取り組む際に参考となるガイドラインや手引書なども策定されています。これらは、デジタル庁のホームページで公開されていますので、詳しい内容については、そちらも参照いただければと思います。

3

10 ビッグデータの利活用に関する法律があるの？

個人情報以外にも、ビッグデータについて定めた法律があるのかな？

医療分野のデータ活用や、企業の保有するデータの保護などを定める法律があるよ

医療分野におけるデータの利活用（次世代医療基盤法）

　個人データに関するビッグデータの利活用を促進するため、個人情報保護法で、「匿名加工情報」や「仮名加工情報」の制度が設けられたことを説明しましたが、医療の分野のデータの利活用の推進については、別途、**次世代医療基盤法**で特別にルールが定められています。

　次世代医療基盤法（医療分野の研究開発に資するための匿名加工医療情報に関する法律）は、健診結果やカルテ等の個々人の医療情報を匿名加工し、医療分野の研究開発での活用を促進することを目的に、2018年に制定された法律です。

　次世代医療基盤法では、医療情報の匿名加工は、国から認定を受けた事業者（認定匿名加工医療情報作成事業者）のみが行えることとされており、医療機関等から認定事業者への医療情報の提供については、最初の受診時に書面で通知することを基本として、「オプトアウト」の方式によることも可能とされています。

　また、2023年の改正では、「仮名加工医療情報」の制度も新たに設けられ、より研究開発に資するようなビッグデータの形成と活用が可能となっています。

企業が扱うビッグデータの保護（不正競争防止法）

　企業が扱うビッグデータの保護に関しては、**不正競争防止法**で、関係の規定が整備されています。

　不正競争防止法には、**営業秘密**に関する不正競争行為が規定され、営業秘密が

保護されていますが、「営業秘密」として保護されるための要件の一つとして、秘密として管理されていることが必要でした。このため、例えば、他の企業に提供されるデータが蓄積されてビッグデータが構築されるような場合には、この秘密管理性の要件を満たすことができず、営業秘密として不正取得行為などから保護することが困難という課題がありました。

こうした課題に対応するため、2018年の法改正で、営業秘密とは別に「限定提供データ」という定義が設けられました。

限定提供データに関する、具体的な条文は、以下のようになっています。

▼不正競争防止法

（定義）
第2条　この法律において「不正競争」とは、次に掲げるものをいう。
　十一　窃取、詐欺、強迫その他の不正の手段により限定提供データを取得する行為
　　　（以下「限定提供データ不正取得行為」という。）又は限定提供データ不正取得行為
　　　により取得した限定提供データを使用し、若しくは開示する行為
7　この法律において「限定提供データ」とは、**業として特定の者に提供する情報として電磁的方法（電子的方法、磁気的方法その他人の知覚によっては認識することができない方法をいう。次項において同じ。）により相当量蓄積され、及び管理されている技術上又は営業上の情報**（秘密として管理されているものを除く。）をいう。

第2条第7項で、限定提供データについて、「業として特定の者に提供する情報として電磁的方法……により相当量蓄積され，及び管理されている技術上又は営業上の情報（秘密として管理されているものを除く）」との定義が新たに設けられるとともに、不正競争行為を定める第2条第1項の第11号で、限定提供データの不正取得行為等が不正競争行為として新たに規定されています。

企業におけるビッグデータの保護に関する規定ではありますが、その活用を推進する上でも、重要な意義を持つ規定と思われます。

統計データの利活用（統計法）

公的なデータの利活用については、前節で「オープンデータ」の推進について説明しましたが、公的な統計調査に関する情報については、**統計法**で、統計データの二次的利用に関する制度が定められています。

統計法は、国の行政機関等が実施する統計調査に関して定めた法律です。この統計法のルールの下で、公的統計における個々の調査票の情報などは、統計作成のみに用いられるのが原則ですが、研究機関などからの委託に応じて作成した統

計 (オーダーメード集計) の提供 (第34条) や、匿名データ (調査票情報を特定の個人等が識別ができないように加工したもの) の提供 (第36条) に関する規定によって、学術研究等の需要に対応することが可能となっています。

　また、個々の調査票のデータの利用については、公的機関等が使用する場合の二次的利用に関する制度が従来からありました (第33条) が、データの更なる有効活用を図る観点から、2018年の法改正で、調査票情報の提供対象として、学術研究の発展に資する統計の作成等を行う者が追加されています (第33条の2)。

▼統計法

（調査票情報の提供）

第33条　行政機関の長又は指定独立行政法人等は、次の各号に掲げる者が当該各号に定める行為を行う場合には、総務省令で定めるところにより、これらの者からの求めに応じ、その行った統計調査に係る調査票情報をこれらの者に提供することができる。
　一　行政機関等その他これに準ずる者として総務省令で定める者　統計の作成等又は統計調査その他の統計を作成するための調査に係る名簿の作成
　二　前号に掲げる者が行う統計の作成等と同等の公益性を有する統計の作成等として総務省令で定めるものを行う者　当該総務省令で定める統計の作成等

第33条の2　行政機関の長又は指定独立行政法人等は、前条第1項に定めるもののほか、総務省令で定めるところにより、一般からの求めに応じ、その行った統計調査に係る調査票情報を**学術研究の発展に資する統計の作成等**その他の行政機関の長又は指定独立行政法人等が行った統計調査に係る**調査票情報の提供を受けて行うことについて相当の公益性を有する統計の作成等として総務省令で定めるものを行う者に提供することができる。**

　このように、公的統計の調査票データ (ミクロデータ) の二次的利用の幅が広がったことに伴い、公的統計のミクロデータ利用を横断的に閲覧できる「ミクロデータ利用ポータルサイト (miripo)」も開設されています。

　本節で取り扱ったものを含め、関係の法制度の下で、今後、様々なデータの利活用が進み、様々な社会的課題の解決やイノベーションの創出につながることが期待されます。

第4章

ネットワークインフラとセキュリティに関する法制度

ネットワークのインフラに関する法律の規定はあるの？

全国にインターネットの回線を整備するために、どんな法律の仕組みが定められているのかな？

むかしは電電公社が電話回線を整備していたけど、今は民間事業者が主体で情報通信回線を整備する仕組みになっているよ

国（電電公社）による電話回線の全国整備

　ネットワークインフラというと少し幅広く意味が取れてしまうかもしれませんが、ここでは、インターネットによるデータ通信を行うために必要な通信インフラを念頭に置いています。現在は、光ファイバー網などが典型的なものかと思いますが、インターネットが普及する以前の通信インフラについては、電話回線という形で、国（電電公社）によって全国に整備が進められてきました。

　その後、通信用のネットワークが整備され、技術も普及してくると、事業への参入コストも下がり、新規参入による自由競争が求められるようになりました。こうした状況を踏まえて、1985年には、電電公社が民営化されて東西のNTTになるとともに、電気通信事業への新規参入が認められることとなりました。この機に、電気通信事業者を規制する法律として**電気通信事業法**が制定されました。

　現在、ネットワークインフラの整備は、電気通信事業法などの規定を踏まえて、主に民間事業者が主体となって進められています。

電気通信事業者による情報通信ネットワークの整備

　電気通信事業法の規定する電気通信事業者には、インターネット接続を提供するプロバイダや携帯電話事業者など、様々な業態の事業者が含まれていますが、一定規模以上の電気通信設備を有する事業者については、登録制度が設けられて

おり、安定的にサービスが供給されるような法的な仕組みが整備されています。

　また、**NTT法**（日本電信電話株式会社等に関する法律）では、東西のNTT（「地域会社」）が、自ら設置する電気通信設備を使用することや、電気通信設備を譲渡する際などに総務大臣の認可を必要とすることが定められているほか、特殊会社という制度の下で、ネットワークの整備なども含め、政府による経営の管理が及ぶような仕組みとなっています。

▼電気通信事業法

> （電気通信事業の登録）
> 第9条　**電気通信事業を営もうとする者は、総務大臣の登録を受けなければならない。** ただし、次に掲げる場合は、この限りでない。
> 　一　**その者の設置する電気通信回線設備**（送信の場所と受信の場所との間を接続する伝送路設備及びこれと一体として設置される交換設備並びにこれらの附属設備をいう。以下同じ。）**の規模及び当該電気通信回線設備を設置する区域の範囲が総務省令で定める基準を超えない場合**
> 　二　その者の設置する電気通信回線設備が電波法（昭和25年法律第131号）第7条第2項第6号に規定する基幹放送に加えて基幹放送以外の無線通信の送信をする無線局の無線設備である場合（前号に掲げる場合を除く。）

4

▼NTT法（日本電信電話株式会社等に関する法律）

> （事業）
> 第2条
> 5　**地域電気通信業務は、地域会社が自ら設置する電気通信設備を用いて行わなければならない。** ただし、電話の役務をあまねく目的業務区域において適切、公平かつ安定的に提供することを確保するために必要があると認められる場合であつて、総務省令で定めるところにより、総務大臣の認可を受けたときは、この限りでない。
>
> （重要な設備の譲渡等）
> 第14条　**地域会社は、電気通信幹線路及びこれに準ずる重要な電気通信設備を譲渡し、又は担保に供しようとするときは、総務大臣の認可を受けなければならない。**

政策的に情報通信ネットワークの整備を推進する仕組み

　電気通信事業に競争が導入されて以降は、電気通信事業に必要なインフラの整備も一義的には各事業者の役割となっているわけですが、2000年に制定されたIT基本法においても、第7条で**民間主導原則**が定められています。(IT基本法第7条の内容は、デジタル社会形成基本法第9条に引き継がれています。)この民間主導

原則に基づいて、電気通信事業者による光ファイバー網などの整備が進められてきています。

▼ IT 基本法（高度情報通信ネットワーク社会形成基本法）

（国及び地方公共団体と民間との役割分担）

第7条　高度情報通信ネットワーク社会の形成に当たっては、**民間が主導的役割を担うことを原則とし**、国及び地方公共団体は、公正な競争の促進、規制の見直し等高度情報通信ネットワーク社会の形成を阻害する要因の解消その他の民間の活力が十分に発揮されるための環境整備等を中心とした施策を行うものとする。

　しかし一方で、社会全体のデジタル化を推進していく上で、情報通信のネットワークは極めて重要な社会インフラであり、国家として戦略的に整備を進める必要があります。かつて、政府のe-Japan戦略に目標を掲げ、ブロードバンドを急速に普及させてきたように、政策的に対応を行っていくことも大変重要です。

　このような政策的な対応を進めるための法制度としては、デジタル社会形成基本法において、ネットワークの整備を施策の基本方針に位置づけるとともに、基本方針を具体化するための重点計画を政府が策定するという仕組みが定められています。実際の条文を見てみると、デジタル社会形成基本法の第4章（施策の策定に係る基本方針）の最初の部分で、高度情報通信ネットワークの拡充や世界最高水準のネットワークの形成などの内容が盛り込まれています。

　2023年6月に閣議決定された「デジタル社会の実現に向けた重点計画」にも、デジタル化を支えるインフラの整備について盛り込まれており、具体的には、デジタルライフライン全国総合整備計画の策定や、デジタル田園都市国家インフラ整備計画の実行に関する内容が記載されています。

▼ デジタル社会形成基本法

第4章　施策の策定に係る基本方針

（施策の一体的な推進）

第20条　デジタル社会の形成に関する施策の策定に当たっては、**高度情報通信ネットワークの一層の拡充**、多様な主体による情報の円滑な流通の確保、多様な主体が利用し得る情報の充実並びに高度情報通信ネットワークの利用及び情報通信技術を用いた情報の活用に係る機会の確保及び必要な能力の習得が不可欠であり、かつ、相互に密接な関連を有することに鑑み、これらが一体的に推進されなければならない。

（世界最高水準の高度情報通信ネットワークの形成）

第21条　デジタル社会の形成に関する施策の策定に当たっては、広く国民が低廉な料金で多様なサービスを利用することができるよう、**世界最高水準の高度情報通信**

ネットワークの形成を促進するため、事業者間の公正な競争の促進その他の必要な措置が講じられなければならない。

4

電気通信事業には、どんなものが含まれるのだろう？

電気通信事業っていうのは、携帯電話会社のことかな？

携帯電話会社のほかに、プロバイダなど、通信を媒介するサービスが幅広く含まれる定義になっているよ

電気通信事業法とは？

　前節でも少し触れましたが、**電気通信事業法**は、電気通信事業に関する市場の自由化に向けて制定された法律です。当初は、通信事業への参入やサービス内容、料金水準などについて細かく規制が定められていましたが、その後、多様な事業者の参入が進み、市場での競争が活発になると、これらの規制は緩和されていきました。現在は、特定の大規模事業者の独占状態にある通信回線網を他社に開放するための規制（指定電気通信設備制度）や、一般事業者も含めた消費者保護に関する規制、競争に任せると達成が困難なユニバーサルサービスの提供に関する仕組みなどが、主な内容となっています。

　電気通信事業法の第1条には、以下のように目的が定められています。

▼電気通信事業法

> （目的）
> 第1条　この法律は、電気通信事業の公共性に鑑み、その運営を適正かつ合理的なものとするとともに、その**公正な競争を促進する**ことにより、**電気通信役務の円滑な提供を確保する**とともにその**利用者等の利益を保護し**、もつて電気通信の健全な発達及び国民の利便の確保を図り、公共の福祉を増進することを目的とする。

　公正な競争の促進、電気通信役務の円滑な提供の確保、利用者の利益の保護といったことが、この法律の目的となっていることがおわかりいただけるかと思います。

電気通信事業の範囲

　電気通信事業法では、第2条において、電気通信や電気通信設備の定義を置いた上で、電気通信設備を用いた他人の通信の媒介や電気通信設備を他人の通信のために使わせるなどの役務（サービス）を提供することを、電気通信事業として定義しています。そして、電気通信事業を営むことについて、登録または届出を行った者を**電気通信事業者**としています。

▼電気通信事業法

> （定義）
> 第2条　この法律において、次の各号に掲げる用語の意義は、当該各号に定めるところによる。
> 　一　電気通信　有線、無線その他の電磁的方式により、符号、音響又は影像を送り、伝え、又は受けることをいう。
> 　二　電気通信設備　電気通信を行うための機械、器具、線路その他の電気的設備をいう。
> 　三　電気通信役務　**電気通信設備を用いて他人の通信を媒介し、その他電気通信設備を他人の通信の用に供すること**をいう。
> 　四　電気通信事業　電気通信役務を他人の需要に応ずるために提供する事業（放送法（昭和25年法律第132号）第118条第1項に規定する放送局設備供給役務に係る事業を除く。）をいう。
> 　五　電気通信事業者　**電気通信事業を営むことについて、第9条の登録を受けた者及び第16条第1項の規定による届出をした者**をいう。
> 　六　電気通信業務　電気通信事業者の行う電気通信役務の提供の業務をいう。

　登録・届出が必要な電気通信事業については、第9条、第16条で定められていますが、大まかに言えば、一定の規模の電気通信回線設備を持つ場合には登録が必要で、その他の場合は届出をするということになっています。

▼電気通信事業法

> （電気通信事業の登録）
> 第9条　電気通信事業を営もうとする者は、総務大臣の登録を受けなければならない。ただし、次に掲げる場合は、この限りでない。
> 　一　その者の設置する電気通信回線設備（送信の場所と受信の場所との間を接続する伝送路設備及びこれと一体として設置される交換設備並びにこれらの附属設備をいう。以下同じ。）の規模及び当該電気通信回線設備を設置する区域の範囲が総務省令で定める基準を超えない場合
> 　二　（略）

上記の通り、大規模な電気回線設備を持っていなくても、電気通信事業を行う場合には届出が必要となりますが、具体的に、どのような行為が、（電気通信役務の定義にある）電気通信設備を用いて他人の通信の媒介をすることに該当するかは、少しわかりにくいかもしれません。詳細については、総務省の「電子通信事業参入マニュアル」を参照いただければと思いますが、このマニュアルでは、登録・届出の要否に関する具体例として、以下のような事業の例が挙げられています。

登録・届出が必要なもの
・固定・携帯電話
・インターネット接続サービス
・利用者間のメッセージ媒介サービス
・web会議システム[1]
　※1 参加者を限定した（宛先を指定した）会議が可能なシステムは届出が
　　　必要。

登録・届出が不要なもの
・SNS[2,3]
・オンライン検索サービス[3]
・オンラインショッピングモール / オークションモール[2]
・各種情報のオンライン提供
　※2 これらに付随した「メッセージ媒介サービス」（SNSのダイレクトメッ
　　　セージなど）は届出が必要。
　※3 前年度の月間アクティブ利用者数の平均が1,000万以上である場合
　　　には届出が必要。

　なお、企業、個人、自治会等のホームページ運営など、自己の情報発信のために運営する場合には、他人のため（他人の需要に応じるため）のサービスの提供ではないため、登録・届出は不要です。このような場合の適用除外の規定が、電気通信事業法の第164条第1項第3号に置かれているため、これらの登録・届出不要な事業は「第3号事業」と呼ばれています。

▼電気通信事業法

（適用除外等）
第164条　この法律の規定は、次に掲げる電気通信事業については、適用しない。
　一、二　（略）
　三　電気通信設備を用いて他人の通信を媒介する電気通信役務以外の電気通信役務
　　（ドメイン名電気通信役務を除く。）を電気通信回線設備を設置することなく提供
　　する電気通信事業

ネットワークインフラに関する法令用語

　ここまでにも特に説明なく使ってきてしまっていますが、**電気通信設備**、**電気通信回線設備**などは、どのようなものを指しているのでしょうか。

　まず、電気通信事業法の定義を見てみると、電気通信設備（第2条第2号）は、「電気通信を行うための機械、器具、線路その他の電気的設備」とされています。また、電気通信回線設備（第9条）は、「伝送路設備及びこれと一体として設置される交換設備並びにこれらの附属設備」とされています。

　電気通信設備、電気通信回線設備の関係については、定義の中に含まれている線路や伝送路設備などの意味を見ていかないと厳密にはわからないのですが、回線設備の方が「回線」という限定がついている分、狭い意味なのかなという想像はできるかと思います。

　電気通信回線設備の定義は、「伝送路設備」とその付属設備というような定め方で、伝送路設備が基本ということがわかります。この「伝送路設備」は概ね、データの通り道に関する設備と考えてもらえればよいかと思います。電線などが典型的なものですが、無線通信用の設備も含まれます。（総務省が作成している「電気通信事業者のネットワーク構築マニュアル」では、「伝送路設備」を「送信の場所と受信の場所（隔地間）を接続する電気通信設備」と定義しています。）

　一方、**電気通信設備**の方は、「電気通信を行うための……電気的設備」と幅広く定義されています。この定義の中で、例示として挙げられている「線路」は、（もちろん電車などの通る線路ではなく）電線やその中継機などの機器のことです。

　なお、そもそもの**電気通信**については、第2条第1号で、「有線、無線その他の電磁的方式により、符号、音響又は影像を送り、伝え、又は受けること」と定義されています。ここには携帯電話などの無線の通信も含まれますが、「電磁的方式により」とされていますので、郵便などの方法は含まれないこととなります。

4

以上は、電気通信事業法等で使われる場合の用語の定義となりますが、他の法令で「電気通信回線を通じて」とされている場合なども、通常は、電気通信事業法の定義を念頭に置いておけば問題はありません。

　法令上の用語として、インターネットを経由して、という意味合いで、「電気通信回線を通じて」と表現されることもありますが、より直接的に「インターネットの利用……により」とする例も数多く見られます。隔地間のコンピュータ同士をつないでデータをやり取りする場合などには「電気通信回線を通じて」が使われ、より広く一般に情報発信をする場合などには「インターネットの利用……により」とされることが多いという印象ですが、いずれにしても情報通信技術の活用によるオンラインでのデータのやり取りが想定された規定ぶりと捉えてもらえればよいかと思います。

　なお、インターネットについては、法令上、特段の定義は置かれていません。これは裏を返すと、「インターネット」が、日常的に使われている用語として、すでに定着していることの表れと言えるもしれません。

3 インターネットに必要な電気通信回線を確保するための法律の仕組みがあるの？

インターネットに必要な光ファイバーなどは、どんな法律の仕組みで整備されているのかな？

ネットワークに必要なインフラ整備は、民間事業者の主導で進められてきているよ

電気通信回線は誰が持っている？

電気通信回線の整備は、回線の敷設や維持管理に膨大な資金が必要となります。街中の電信柱だけを見ても、途方もない数がありますが、更に地域間を結んで全国にネットワークを整備するには、国家事業規模の資金と期間が必要となります。

このため、当初は国（電電公社）の主導で、電話回線網が整備されていきましたが、1985年に電電公社が民営化されて東西のNTTになると、電気通信回線設備もNTTに引き継がれました。その後、光ファイバー網などの整備が進んだ際には、NTTなどの民間事業者の主導で整備が進められています。

現在、光ファイバー網を全国規模で持っている事業者は、東西のNTTなどに限られますが、地域的な光ファイバー網としては、電力会社やCATV会社が整備・提供しているものや、国や地方自治体が公共施設の管理や地域の情報化の観点から整備しているものもあります。国や地方自治体の光ファイバー網は、民間事業者が整備する場合に採算性等に問題となる過疎地域等にも一定程度存在しているため、その有効活用も課題となっています。

特殊会社の仕組みの下でのネットワークインフラの整備

旧電電公社が設置してきた電話回線網などは、民営化後のNTTに引き継がれましたが、NTT法によって、民営化後も業務内容や経営に関する事項について、一定の規制や国の関与が定められています。

4

具体的には、NTT（持株会社及び東西のNTT）が、通話サービスを全国一律に提供（ユニバーサルサービス）できるよう寄与することを定めている（第3条）ほか、NTT（持株会社）の株式の政府の所有割合を1/3以上とする規定（第4条）や、NTT（持株会社及び東西のNTT）の役員の選任や事業計画の策定について総務大臣の認可が必要とする規定（第10条、第12条）などが置かれています。

　NTTのように、特別の法律で設立され、株式会社の形態を取る法人を、特殊会社といいます。公共性の高い事業である一方で、行政機関が直接行うよりも、会社形態で行う方が適切であると判断される場合に特殊会社が設立されることとなります。事業の公共性から、一定の規制や国の関与が定められている場合が通常で、国の政策の方向性も踏まえた事業が特殊会社によって展開されることとなります。

▼NTT法（日本電信電話株式会社等に関する法律）

（責務）
第3条　会社及び地域会社は、それぞれその事業を営むに当たつては、常に経営が適正かつ効率的に行われるように配意し、**国民生活に不可欠な電話の役務のあまねく日本全国における適切、公平かつ安定的な提供の確保**に寄与するとともに、今後の社会経済の進展に果たすべき電気通信の役割の重要性にかんがみ、電気通信技術に関する研究の推進及びその成果の普及を通じて我が国の電気通信の創意ある向上発展に寄与し、もつて公共の福祉の増進に資するよう努めなければならない。

（株式）
第4条　**政府は、常時、会社の発行済株式の総数の3分の1以上に当たる株式を保有**していなければならない。

（取締役及び監査役）
第10条　日本の国籍を有しない人は、会社及び地域会社の取締役又は監査役となることができない。
2　**会社の取締役及び監査役の選任及び解任の決議は、総務大臣の認可を受けなければ、その効力を生じない。**

（事業計画）
第12条　会社及び地域会社は、毎事業年度の開始前に、その事業年度の**事業計画を定め、総務大臣の認可を受けなければならない。**これを変更しようとするときも、同様とする。

　現在、国全体のネットワークインフラの大きな割合を、NTTの電気通信回線設備が占めていますが、このような特殊会社の仕組みの下で、国の政策の方向性も踏まえて、インフラの整備が進められています。

一例を挙げると、2001年に、IT戦略会議の最終報告を受けて策定された、政府の「e-Japan戦略」には、「我が国が5年以内に世界最先端のIT国家になることを目指す」という目標が掲げられ、「超高速ネットワークインフラ整備及び競争政策」に関しては、「5年以内に少なくとも3,000万世帯が高速インターネット網に、また1,000万世帯が超高速インターネット網に常時接続可能な環境を整備すること」とされていましたが、このような政府の方針に沿った中期経営戦略がNTTで策定され、ADSL（電話回線を使ったインターネット）の普及や光回線の充実によって、日本全国でブロードバンドが急速に普及しました。

　そもそも、これらの政策を検討する場である、IT戦略会議の段階から、NTTの宮津社長（当時）もメンバーとして加わっているのですが、いずれにしても、特殊会社という仕組みの下で、国の政策の方向性も踏まえて、インフラの整備が進められてきているということがわかります。

公益事業特権制度の活用

　電気通信事業法の下では、電気通信事業に関する自由競争が基本であり、それぞれの事業者が、電気通信回線設備を設置しなければなりませんが、一方で、このようなインフラの整備は公益性の高い事業であることから、電気通信事業法では、電気通信回線設備を設置する事業を認定し、事業者に回線設備の設置のための優遇措置を定める制度（公益事業特権制度）が設けられています。

▼電気通信事業法

> （事業の認定）
> 第117条　電気通信回線設備を設置して電気通信役務を提供する電気通信事業を営む電気通信事業者又は当該電気通信事業を営もうとする者は、次節の規定の適用を受けようとする場合には、申請により、その電気通信事業の全部又は一部について、総務大臣の認定を受けることができる。

　このような認定を受けた電気通信事業者に与えられる優遇措置は「公益事業特権」呼ばれており、他人の土地等の使用権の簡易な手続による設定（第128条）や、土地の所有者等との協議が整わない場合の総務大臣に対する裁定申請（第129条）などが認められています。

　こうした制度も活用しながら、各電気通信事業者による電気通信回線設備などのインフラの整備が進められています。

なお、電気通信事業法の第32条では、事業者間の相互接続の義務が規定されており、電気通信回線設備を持たない事業者も、他の事業者が設置した電子通信回線設備を利用することができる仕組みが整えられています。

▼電気通信事業法

（電気通信回線設備との接続）
第32条　電気通信事業者は、他の電気通信事業者から当該他の電気通信事業者の電気通信設備をその設置する電気通信回線設備に接続すべき旨の請求を受けたときは、次に掲げる場合を除き、これに応じなければならない。
　一　電気通信役務の円滑な提供に支障が生ずるおそれがあるとき。
　二　当該接続が当該電気通信事業者の利益を不当に害するおそれがあるとき。
　三　前2号に掲げる場合のほか、総務省令で定める正当な理由があるとき。

　また、一定の通信回線のシェアを持つ大規模事業者は、他社との接続協議の際に強い交渉力を有するという考え方から、こうした大規模事業者には、接続応諾の義務に加えて、接続料や接続条件を約款で定めることが義務付けられ、回線の種類に応じて、接続約款の認可または届出が必要とされています（指定電気通信設備制度、第33条第2項、第34条第2項）。

　以上のような電気通信事業法の制度の下で、様々な主体の利用が可能なネットワークのインフラの整備が、民間事業者の主導で進められています。

4 ユニバーサルサービスとして、インターネットの利用を提供する法律の仕組みがあるの？

インターネットをユニバーサルサービスとして位置づけるべきって、どういうことかな？

国民生活に不可欠なサービスとして、すべての国民が利用できるような制度を整えることだよ。そのために2022年に電気通信事業法の改正が行われているよ

ユニバーサルサービスとは？

ユニバーサルサービスとは、国民生活に不可欠なサービスで、全国どこでも、すべての国民が利用できるよう確保されるべきサービスのことです。郵便や社会福祉などのサービスが、このような性格を持っていると言われます。

法令では、ユニバーサルサービスという用語が使われている例はありませんが、例えば「あまねく、公平に提供」（郵便法）、「区域内においてあまねく福祉サービス利用援助事業が実施」（社会福祉法）のように、「あまねく」という用語などで、ユニバーサルサービスとして提供されるべきという趣旨が表現されています。

社会福祉法

（都道府県社会福祉協議会の行う福祉サービス利用援助事業等）
第81条　都道府県社会福祉協議会は、第110条第1項各号に掲げる事業を行うほか、福祉サービス利用援助事業を行う市町村社会福祉協議会その他の者と協力して都道府県の区域内において**あまねく福祉サービス利用援助事業が実施**されるために必要な事業を行うとともに、これと併せて、当該事業に従事する者の資質の向上のための事業並びに福祉サービス利用援助事業に関する普及及び啓発を行うものとする。

郵便法

第1条（この法律の目的）　この法律は、郵便の役務をなるべく安い料金で、**あまねく、公平に提供する**ことによつて、公共の福祉を増進することを目的とする。

デジタル技術の利用の前提となるネットワークのインフラについても、デジタル社会形成基本法では、「情報通信技術の恵沢をあまねく享受できる社会が実現されること」という表現で、ユニバーサルサービスとして提供されるべきものという趣旨が定められています。

▼デジタル社会形成基本法

> （全ての国民が情報通信技術の恵沢を享受できる社会の実現）
> 第3条　デジタル社会の形成は、全ての国民が、高度情報通信ネットワークを容易にかつ主体的に利用するとともに、情報通信技術を用いた情報の活用を行うことにより、デジタル社会におけるあらゆる活動に参画し、個々の能力を創造的かつ最大限に発揮することが可能となり、もって**情報通信技術の恵沢をあまねく享受できる社会が実現されること**を旨として、行われなければならない。

ユニバーサルサービスとしてのインターネットの位置づけ（2023年〜）

電気通信事業法のユニバーサルサービスに関する規定については、従来の電気通信事業法の第7条に、「国民生活に不可欠であるためあまねく日本全国における提供が確保されるべき……電気通信役務」を提供する事業者が、その適切、公平かつ安定体的な提供に努めなければならない、と定められていました。そして、この規定を踏まえて、電気通信事業法施行規則第14条で、アナログ電話用設備を利用した音声通話のサービスなどが、基礎的電気通信役務（日本全国にあまねく提供されるべきサービス）として列挙されていました。

▼電気通信事業法（2022年改正前）

> （基礎的電気通信役務の提供）
> 第7条　基礎的電気通信役務（国民生活に不可欠であるためあまねく日本全国における提供が確保されるべきものとして総務省令で定める電気通信役務をいう。以下同じ。）を提供する電気通信事業者は、その適切、公平かつ安定的な提供に努めなければならない。

この従来の電気通信事業法の規定では、ユニバーサルサービスに関する定めは、電話に関するものに限られていたため、インターネットも対象とすべきではないか、という意見がありましたが、2022年の電気通信事業法の改正（2023年6月施行）により、電気通信事業法における基礎的電気通信役務の新たな類型として、一定のブロードバンドサービスが第7条第2号で位置付けられました（**第二号基礎**

的電気通信役務）。この改正によって、インターネットの利用もユニバーサルサービス（「あまねく日本全国における提供が確保されるべき……電気通信役務」）と法律上明確に位置づけられたことになります。

　情報通信技術が飛躍的に進展するとともに、新型コロナウイルス感染症対策を契機に、インターネットによる重要な情報の伝達が、様々な社会経済活動の場面で必要不可欠となっている現状が、このような法整備の背景となっていると考えられます。

▼ **電気通信事業法（※2022年改正後）**

（基礎的電気通信役務の提供）

第7条　基礎的電気通信役務（国民生活に不可欠であるため**あまねく日本全国における提供が確保されるべき次に掲げる電気通信役務**をいう。以下同じ。）を提供する電気通信事業者は、その適切、公平かつ安定的な提供に努めなければならない。

一　電話に係る電気通信役務であつて総務省令で定めるもの（以下「第一号基礎的電気通信役務」という。）

二　**高速度データ伝送電気通信役務**（その一端が利用者の電気通信設備と接続される伝送路設備及びこれと一体として設置される電気通信設備であつて、符号、音響又は影像を高速度で送信し、及び受信することが可能なもの（専らインターネットへの接続を可能とする電気通信役務を提供するために設置される電気通信設備として総務省令で定めるものを除く。）を用いて他人の通信を媒介する電気通信役務をいう。第110条の5第1項において同じ。）であつて総務省令で定めるもの（以下「第二号基礎的電気通信役務」という。）

4

ユニバーサルサービス制度

　電気通信、郵便、電力、放送などの公益事業の分野では、ユニバーサルサービスの考え方に基づいて、不採算であっても全国的にサービスの供給が行われるようにする仕組みが設けられています。

　電気通信事業法では、一定の電気通信サービスについて、ユニバーサルサービスとしての提供を確保するため、**ユニバーサルサービス制度**が設けられています。具体的には、ユニバーサルサービスを提供する「適格電気通信事業者」（現在はNTT東日本・西日本が指定を受けています）に必要な費用の一部を補填するため、「適格電気通信事業者」のネットワーク等に接続している他の事業者（「負担事業者」）から負担金を徴収し、交付金として「適格電気通信事業者」に交付するという制度で、ユニバーサルサービスの提供に必要な費用を事業者全体で応分に負担する仕組みとなっています。

2022年の法改正により、今後、ブロードバンドサービスについても、第二種交付金として、同様の仕組みが整備される見込みです。

なお、ユニバーサルサービス制度における、負担金の徴収や交付金の交付に関する業務は、総務大臣が指定する支援機関が行うこととされており、電気通信事業者協会が支援機関として指定されています。

▼電気通信事業法（※2022年改正後）

（基礎的電気通信役務支援機関の指定）

第106条　総務大臣は、基礎的電気通信役務の提供の確保に寄与することを目的とする一般社団法人又は一般財団法人であつて、次条に規定する業務（以下「支援業務」という。）に関し次に掲げる基準に適合すると認められるものを、その申請により、全国に一を限つて、基礎的電気通信役務支援機関（以下「支援機関」という。）として指定することができる。

一　職員、設備、支援業務の実施の方法その他の事項についての支援業務の実施に関する計画が支援業務の適確な実施のために適切なものであること。

二　前号の支援業務の実施に関する計画を適確に実施するに足りる経理的基礎及び技術的能力があること。

三　支援業務以外の業務を行つている場合には、その業務を行うことによつて支援業務が不公正になるおそれがないこと。

▼ユニバーサルサービス制度の仕組み

ユニバーサルサービス制度は、図のように、『基礎的電気通信役務支援機関』が総務大臣の認可を受けて『負担事業者』から負担金を徴収し、『適格電気通信事業者』に交付金として交付する制度です。

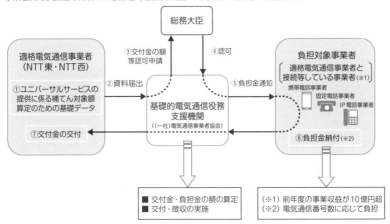

出典：総務省「ユニバーサルサービス制度の概要」(https://www.soumu.go.jp/main_sosiki/joho_tsusin/universalservice/seido.html) をもとに作成

5 サイバーセキュリティに関する法律の全体像はどうなっているの？

サイバーセキュリティに関する法律って、どんなものがあるのかな？

サイバーセキュリティ基本法のほかに、個別の業法に対策が定められていたり、刑法にサイバー犯罪の規定があったりするよ

サイバーセキュリティとは？

サイバーセキュリティという言葉がよく使われるようになったのは、2010年代頃からですが、それまでにも、インターネット上のセキュリティに関する課題は存在しており、情報セキュリティへの対応という言葉で表現されていました。2000年のIT基本法（高度情報通信ネットワーク社会形成基本法）に基づいて設置された、政府のIT戦略本部の下には、情報セキュリティ対策推進会議が置かれていましたし、内閣官房には情報セキュリティセンター（NISC）が設置されていました。

従来から使われている「情報セキュリティ」と「サイバーセキュリティ」の違いについては、いろいろな説明のされ方がありますが、情報セキュリティが、情報の「機密性」「完全性」「可用性」を維持することとされているのに対して、サイバーセキュリティという言葉が使われる場合は、サイバー攻撃などの脅威への対策という観点に軸足が置かれて使われることが多いと思われます。情報セキュリティの方がより幅広い概念で、言葉の定義だけからは、サイバーセキュリティは情報セキュリティの中に含まれている、というイメージになりますが、重要インフラへのサイバー攻撃では、被害が情報にとどまらず、現実の社会機能の停止等に直結するなど、サイバーセキュリティの対策を考える際に特有の観点もありますので、留意が必要です。

4

サイバーセキュリティについては、法律上は、2014年に制定された**サイバーセキュリティ基本法**に、以下のように定義が置かれています。この定義を見ても、サイバー攻撃などによる被害の防止のために必要な措置が講じられ、維持されている、ということがポイントとなっていることがわかります。

▼サイバーセキュリティ基本法

（定義）
第2条　この法律において「サイバーセキュリティ」とは、電子的方式、磁気的方式その他人の知覚によっては認識することができない方式（以下この条において「電磁的方式」という。）により記録され、又は発信され、伝送され、若しくは受信される情報の漏えい、滅失又は毀損の防止その他の当該情報の安全管理のために必要な措置並びに**情報システム及び情報通信ネットワークの安全性及び信頼性の確保のために必要な措置**（情報通信ネットワーク又は電磁的方式で作られた記録に係る記録媒体（以下「電磁的記録媒体」という。）を通じた**電子計算機に対する不正な活動による被害の防止のために必要な措置を含む。**）が講じられ、その状態が適切に維持管理されていることをいう。

　順番が後先になってしまったかもしれませんが、サイバーセキュリティに関する法律の全体像としては、まず、サイバーセキュリティ基本法で、基本理念、国や関係者の責務、内閣サイバーセキュリティセンター（NISC）の設置、サイバーセキュリティ戦略の策定など、施策の推進の基本となる事項が定められています。

　このサイバーセキュリティ基本法の下で、国の施策等が推進されることとなりますが、個々の事業者等が対応すべき事項などは、他の個別の法律によって、情報通信事業者等におけるセキュリティ確保のための仕組みや、サイバー攻撃・サイバー犯罪に対する規制や処罰の規定などが定められています。

事業者におけるサイバーセキュリティの確保

　それぞれの事業者におけるサイバーセキュリティ確保に関する事項については、通常は、個別の法律やガイドラインなどで定められています。

　電力や鉄道などのような重要な社会インフラに関する事業者については、個別の業法などで、安定的なサービスの提供や事故などの際の報告などの定めが置かれていますが、サイバーセキュリティ基本法においても「重要社会基盤事業者等におけるサイバーセキュリティの確保の促進」という条文が設けられており、「重要インフラのサイバーセキュリティ対策に係る行動計画」がサイバーセキュリティ戦略本部で策定されています。

また、電気通信も重要インフラの一つですが、電気通信事業者については、電気通信事業法で、通信の秘密に関する規定や、通信設備等のインフラの安全性・信頼性確保のための基準なども定められています。

　このほか、一般的な事業者については、通常は、ガイドライン等に従って自主的な取組をすすめることとなりますが、顧客や従業員の個人情報のデータベースを扱う際には、個人情報保護法で求められている安全管理措置を講じて、適切に情報を取り扱うことなどが必要となります。

サイバー犯罪・サイバー攻撃への対応

　サイバー犯罪・サイバー攻撃への対応については、コンピュータやインターネットを利用した犯罪に関する規定が、刑法で定められています。特に2011年には、サイバーセキュリティに関連の深い、コンピュータウイルスの作成、提供等を対象とする「不正指令電磁的記録に関する罪」（第168条の2等）新設されたほか、DDoS攻撃を想定して、電子計算機損壊等業務妨害罪に未遂の規定（第234条の2第2項）が追加されるなどの改正が行われています。

　また、サイバーセキュリティを侵害する行為の禁止等を定める個別の法律としては、コンピュータやシステムに不正に侵入する行為を禁止する**不正アクセス禁止法**（不正アクセス行為の禁止等に関する法律）や、いわゆる迷惑メールへの対応のための**特定電子メール法**（特定電子メールの送信の適正化等に関する法律）などが制定されています。

　これらの法律については、節を改めて、本章の第8節で扱いたいと思います。

4

6 サイバーセキュリティ基本法ってどんな法律なの？

サイバーセキュリティ基本法は、サイバー攻撃を禁止するような法律なのかな？

サイバーセキュリティに関する施策について、基本理念や施策の基本となる事項を定めた法律だよ

サイバーセキュリティ基本法制定の背景と趣旨

サイバーセキュリティ基本法は、サイバーセキュリティに関する施策について、基本理念や施策の基本となる事項を定めた法律で、2014年に制定されています。

デジタル化に関する基本法としては、IT基本法が2000年に制定されており、IT基本法の下でも、情報セキュリティに関する施策は進められていました。2005年には、情報セキュリティ問題への取組を抜本的に強化することを目的に、内閣官房に情報セキュリティセンター（NISC）が設置され、高度情報通信ネットワーク社会推進戦略本部 (IT戦略本部) の下にも情報セキュリティ政策会議が設置され、様々な取り組みが進められてきました。

しかし、その後の情報通信技術の進展により、インターネット上では多種多量の情報が流通するようになり、インターネット上の「サイバー空間」が急速に拡大すると、国家や重要インフラに対する「サイバー攻撃」が現実的な脅威として認識されるようになりました。インターネットは、国家の枠を越えてグローバルに繋がっているため、サイバーセキュリティに対する脅威は世界的にも深刻化していきました。

サイバーセキュリティ基本法は、このような世界的規模でのサイバーセキュリティに対する脅威の深刻化などを背景に、いわゆる議員立法として提出・成立した法律です。サイバーセキュリティ基本法では、サイバーセキュリティに関する施策を総合的・効果的に推進するため、基本理念や施策の基本となる事項が定めら

れています。

　制定の背景も含めた、この法律の目的は、第1条で詳しく定められています。

▼サイバーセキュリティ基本法

（目的）
第1条　この法律は、インターネットその他の高度情報通信ネットワークの整備及び
　　デジタル社会形成基本法（令和3年法律第35号）第2条に規定する情報通信技術（以
　　下「情報通信技術」という。）の活用の進展に伴って世界的規模で生じているサイバー
　　セキュリティに対する脅威の深刻化その他の内外の諸情勢の変化に伴い、情報の自
　　由な流通を確保しつつ、サイバーセキュリティの確保を図ることが喫緊の課題と
　　なっている状況に鑑み、我が国のサイバーセキュリティに関する施策に関し、基本理
　　念を定め、国及び地方公共団体の責務等を明らかにし、並びにサイバーセキュリティ
　　戦略の策定その他サイバーセキュリティに関する施策の基本となる事項を定めると
　　ともに、サイバーセキュリティ戦略本部を設置すること等により、同法と相まって、
　　サイバーセキュリティに関する施策を総合的かつ効果的に推進し、もって経済社会
　　の活力の向上及び持続的発展並びに国民が安全で安心して暮らせる社会の実現を図
　　るとともに、**国際社会の平和及び安全の確保並びに我が国の安全保障に寄与する**こ
　　とを目的とする。

4

　この条文の「国際社会の平和及び安全の確保並びに我が国の安全保障に寄与す
る」というところにも、サイバー攻撃等が国際的な脅威となっている現状の認識が
表れていると思います。

サイバーセキュリティ基本法の主な内容

　サイバーセキュリティ基本法は、いわゆる**基本法**ですので、基本理念や国や地
方公共団体の責務などの規定が中心になっていますが、国の組織として、内閣に
「サイバーセキュリティ戦略本部」を設置することや、基本計画として、「サイバー
セキュリティ戦略」を策定すべきことなども定められています。

　まず、サイバーセキュリティに関する施策を推進する際の、基本理念としては、
第3条で以下のように定められています。

▼サイバーセキュリティ基本法

（基本理念）
第3条　サイバーセキュリティに関する施策の推進は、インターネットその他の高度
　　情報通信ネットワークの整備及び情報通信技術の活用による情報の自由な流通の確
　　保が、これを通じた表現の自由の享有、イノベーションの創出、経済社会の活力の向

上等にとって重要であることに鑑み、サイバーセキュリティに対する脅威に対して、国、地方公共団体、重要社会基盤事業者(国民生活及び経済活動の基盤であって、その機能が停止し、又は低下した場合に国民生活又は経済活動に多大な影響を及ぼすおそれが生ずるものに関する事業を行う者をいう。以下同じ。)等の多様な主体の連携により、積極的に対応することを旨として、行われなければならない。

2　サイバーセキュリティに関する施策の推進は、国民一人一人のサイバーセキュリティに関する認識を深め、自発的に対応することを促すとともに、サイバーセキュリティに対する脅威による被害を防ぎ、かつ、被害から迅速に復旧できる強靱じんな体制を構築するための取組を積極的に推進することを旨として、行われなければならない。

3　サイバーセキュリティに関する施策の推進は、インターネットその他の高度情報通信ネットワークの整備及び情報通信技術の活用による活力ある経済社会を構築するための取組を積極的に推進することを旨として、行われなければならない。

4　サイバーセキュリティに関する施策の推進は、サイバーセキュリティに対する脅威への対応が国際社会にとって共通の課題であり、かつ、我が国の経済社会が国際的な密接な相互依存関係の中で営まれていることに鑑み、サイバーセキュリティに関する国際的な秩序の形成及び発展のために先導的な役割を担うことを旨として、国際的協調の下に行われなければならない。

5　サイバーセキュリティに関する施策の推進は、デジタル社会形成基本法の基本理念に配慮して行われなければならない。

6　サイバーセキュリティに関する施策の推進に当たっては、国民の権利を不当に侵害しないように留意しなければならない。

とても長いですが、ポイントとしては、以下の5点になるかと思います。

・国、地方公共団体、重要社会基盤事業者等の多様な主体の連携により、積極的に対応すること

・国民一人一人のサイバーセキュリティに関する認識を深め、自発的な対応を促すこと、被害を防ぎ、被害から迅速に復旧できる強靱な体制を構築すること

・インターネットなどのネットワークの整備と情報通信技術の活用による活力ある経済社会を構築するための取組を積極的に推進すること

・サイバーセキュリティに関する国際的な秩序の形成及び発展のために先導的な役割を担うこと、国際的協調の下に実施すること

・国民の権利を不当に侵害しないように留意すること

次に、基本計画と組織に関しては、以下のような規定が置かれています。

> 第12条 政府は、サイバーセキュリティに関する施策の総合的かつ効果的な推進を図るため、サイバーセキュリティに関する基本的な計画（以下「サイバーセキュリティ戦略」という。）を定めなければならない。
>
> （設置）
> 第25条 サイバーセキュリティに関する施策を総合的かつ効果的に推進するため、内閣に、サイバーセキュリティ戦略本部（以下「本部」という。）を置く。

　第12条の規定に基づいて、サイバーセキュリティ戦略が、2015年、2018年、2021年に策定されてきています。

　第25条の「サイバーセキュリティ戦略本部」は、内閣官房長官をはじめとする関係閣僚や有識者によって構成されています。この本部の事務局は従来の「情報セキュリティセンター（NISC）」を改組した「内閣サイバーセキュリティセンター（NISC）」が担っています。（NISCという略称は同じです。）

　NISCについては、これまでも何度か言及していますが、各省庁のサイバーセキュリティ施策の総合調整などを担っている組織で、内閣官房に置かれています。サイバーセキュリティに関する国の施策や関連の情報などは、NISCのホームページで確認することができます。

4

重要インフラ事業者等の責務

　サイバーセキュリティ基本法では、国民や事業者等の責務についても条文が置かれています。

　このような関係者の責務に関する条文は、他の基本法でもよく見られるものなのですが、サイバーセキュリティ基本法では、重要インフラ事業者の責務が、別の条文で定められていたり、事業者の例としてサイバー関連事業者が明示されていたりする点で特徴的なものとなっています。

　事業者の責務として、具体的には、自主的・積極的なサイバーセキュリティの確保と国・地方自治体の施策への協力が努力義務として定められていますが、重要インフラ事業者については、サービスの安定的・適切な提供のためのセキュリティの重要性などについても明示された規定ぶりとなっています。

▼サイバーセキュリティ基本法

（重要社会基盤事業者の責務）
第6条　重要社会基盤事業者は、基本理念にのっとり、その**サービスを安定的かつ適切に提供するため**、サイバーセキュリティの重要性に関する関心と理解を深め、自主的かつ積極的にサイバーセキュリティの確保に努めるとともに、国又は地方公共団体が実施するサイバーセキュリティに関する施策に協力するよう努めるものとする。

（サイバー関連事業者その他の事業者の責務）
第7条　サイバー関連事業者（インターネットその他の高度情報通信ネットワークの整備、情報通信技術の活用又はサイバーセキュリティに関する事業を行う者をいう。以下同じ。）その他の事業者は、基本理念にのっとり、その事業活動に関し、自主的かつ積極的にサイバーセキュリティの確保に努めるとともに、国又は地方公共団体が実施するサイバーセキュリティに関する施策に協力するよう努めるものとする。

　また、「基本的な施策」に関する第3章の中にも、「重要社会基盤事業者等におけるサイバーセキュリティの確保の促進」という条文が設けられており、重要インフラ事業者の自主的な取組の促進などの施策を国が講ずることが定められています。この規定を受けて、具体的には、「重要インフラのサイバーセキュリティ対策に係る行動計画」がサイバーセキュリティ戦略本部で策定され、重要インフラ事業者を含めた関係者の取組が推進されています。

▼サイバーセキュリティ基本法

（重要社会基盤事業者等におけるサイバーセキュリティの確保の促進）
第14条　国は、重要社会基盤事業者等におけるサイバーセキュリティに関し、基準の策定、演習及び訓練、情報の共有その他の自主的な取組の促進その他の必要な施策を講ずるものとする。

　なお、重要インフラの範囲については、「重要インフラのサイバーセキュリティ対策に係る行動計画」の中で、「情報通信」、「金融」、「航空」、「空港」、「鉄道」、「電力」、「ガス」、「政府・行政サービス」、「医療」、「水道」、「物流」、「化学」、「クレジット」、「石油」の14分野とされています。これらの分野においては、サイバー攻撃などにより、サービスの持続的な提供に支障が生じた場合には、基本的には関係法令により、所管省庁への報告が行われることとされています。

重要インフラの分野と所管省庁

- 金融（金融庁）
- 情報通信、行政（総務省）

- 医療、水道（厚生労働省）
- 電力、ガス、化学、クレジット、石油（経済産業省）
- 航空、空港、鉄道、物流（国土交通省）

　このほか、サイバーセキュリティ基本法については、2020年東京オリンピック・パラリンピック競技大会の安全な実施に向けた改正が、2018年に行われています。この改正では、情報共有と必要な対策等の協議を行う**サイバーセキュリティ協議会**が創設されました（第17条）。協議会の構成員は、国の行政機関、地方公共団体、重要インフラ事業者、サイバー関連事業者、大学・研究機関等で、構成員には秘密保持と、情報提供の協力が求められています。

4

7 電気通信事業者には、セキュリティ面で、どのような義務が定められているの？

電気通信事業者は、サイバー攻撃に備えておくことが重要だよね

電気通信事業法では、通信の秘密の保護や設備等の安全面の基準などが定められているよ

電気通信事業法による通信の秘密の保護

　これまでも何度か出てきている電気通信事業法は、電気通信の健全な発達と国民の利便性の確保を図るために制定された法律で、電気通信事業に関する詳細な規定が盛り込まれていますが、第4条では、電気通信事業者の扱う**通信の秘密**の保護に関する規定が置かれています。

▼電気通信事業法

（秘密の保護）
第4条　電気通信事業者の取扱中に係る通信の秘密は、侵してはならない。
2　電気通信事業に従事する者は、在職中電気通信事業者の取扱中に係る通信に関して知り得た他人の秘密を守らなければならない。その職を退いた後においても、同様とする。

第179条　電気通信事業者の取扱中に係る通信（第164条第2項に規定する通信を含む。）の秘密を侵した者は、2年以下の懲役又は100万円以下の罰金に処する。
2　電気通信事業に従事する者が前項の行為をしたときは、3年以下の懲役又は200万円以下の罰金に処する。
3　前2項の未遂罪は、罰する。

　以上は、電気通信事業法の規定ですが、電波法（109条等）、有線電気通信法（第9条等）にも、通信の秘密の保護に関する定めが置かれています。
　これらの規定は、電気通信事業者等が扱う通信の秘密を侵害する行為を禁止す

るとともに、罰則を定めるものですが、一方で、事業者の側で、安全な情報通信ネットワークを確保するための規定も必要です。そのような定めについては、次に見てみます。

設備等の安全・信頼性の確保

　安全な情報通信ネットワークの確保については、電気通信事業法の第41条で、電気通信設備が総務省の定める技術基準に適合していなければならないと定められています。

▼電気通信事業法

（電気通信設備の維持）
第41条　電気通信回線設備を設置する電気通信事業者は、その電気通信事業の用に供する電気通信設備（その損壊又は故障等による利用者の利益に及ぼす影響が軽微なものとして総務省令で定めるものを除く。）を**総務省令で定める技術基準に適合するように維持しなければならない。**
2　基礎的電気通信役務を提供する電気通信事業者は、その基礎的電気通信役務を提供する電気通信事業の用に供する電気通信設備（前項に規定する電気通信設備を除く。）を**総務省令で定める技術基準に適合するように維持しなければならない。**
3　前2項の技術基準は、これにより次の事項が確保されるものとして定められなければならない。
　一　電気通信設備の損壊又は故障により、電気通信役務の提供に著しい支障を及ぼさないようにすること。
　二　電気通信役務の品質が適正であるようにすること。
　三　通信の秘密が侵されないようにすること。
　四　利用者又は他の電気通信事業者の接続する電気通信設備を損傷し、又はその機能に障害を与えないようにすること。
　五　他の電気通信事業者の接続する電気通信設備との責任の分界が明確であるようにすること。

　この第41条を踏まえて、具体的な技術基準は事業用電気通信設備規則（総務省令）で定められていますが、電気通信事業法では、技術基準に関して、次の5つの原則が明示されています。

技術基準の5原則
・設備の損壊又は、故障による役務の提供に著しい支障を及ぼさない。
・役務の品質が適正である。
・通信の秘密を侵されない。

4

・利用者又は他の事業者の接続する設備を損傷し、機能に障害を与えない。

・他の電気通信設備との責任の分界が明確である。

　また、電気通信事業法に基づく技術基準（強制基準）に加え、情報通信ネットワークの安全・信頼性の確保に関する推奨基準（ガイドライン）として、総務省が「情報通信ネットワーク安全・信頼性基準」を策定しています。このガイドラインでは、電気通信事業者のネットワークについて技術基準以外のソフトウェア対策やセキュリティ対策などが記載されています。

　このほか、情報通信事業者のネットワークに接続するパソコンや携帯電話等の端末については、端末設備等規則（総務省令）で技術基準が定められています。電気通信事業法には、登録認定機関による端末機器の技術基準適合の認定等に関する制度も設けられています。

　安全・信頼性の確保に関する法令等
　・電気通信事業法（第2章第4節　電気通信設備）
　・事業用電気通信設備規則
　・情報通信ネットワーク安全・信頼性基準
　・端末設備等規則

プロバイダの責任

　電気通信事業者の中でも、インターネット上での情報流通において重要な役割を担っているプロバイダについては、特別に法律が定められているので、この節の最後に見ておきたいと思います。

　まず、**プロバイダ**には、インターネットとパソコンやスマホなどの端末を接続するサービスを提供している**接続プロバイダ**と、インターネット上にサーバを置き、情報サービスの提供を行っている**コンテンツプロバイダ**（サイト管理者等）とがあります。

　インターネット上の情報にアクセスしたり、情報を発信したりするときには、相手方との間で、IPアドレス（ネットワークに接続されたコンピュータや通信機器の

識別番号）、送受信時刻、送受信データなどをやり取りし、ログ（通信記録）を取得しています。これらのログは、通常プロバイダのサーバに保存されますが、どのような情報について、どのくらいの期間保管しなければならないかなどについては、法律上の定めはないため、各プロバイダの判断によることとなります。

　プロバイダは、このような通信に関する情報を有しているため、インターネット上での名誉毀損などの被害者から発信者情報の開示などを求められる場合がありますが、プロバイダが情報を開示してしまうと、発信者のプライバシーや「通信の秘密」の侵害が問題とされる可能性があります。このようにプロバイダが板挟み状態にならないよう、**プロバイダ責任制限法**（特定電気通信役務提供者の損害賠償責任の制限及び発信者情報の開示に関する法律）が2001年に制定されました。

　プロバイダ責任制限法は、元々は、全部で4条の短い法律で、第1条で趣旨、第2条で用語の定義、第3条で損害賠償責任の制限、第4条で発信者情報の開示請求について定められていたのですが、2021年の法改正で、発信者の情報開示請求に関する新たな裁判手続の規定などが設けられました。改正後のプロバイダ責任制限法の構成は以下の通りとなっています。

4

```
改正後のプロバイダ責任制限法の目次（2022年〜）
第1章　総則（第1条・第2条）
第2章　損害賠償責任の制限（第3条・第4条）
第3章　発信者情報の開示請求等（第5条〜第7条）
第4章　発信者情報開示命令事件に関する裁判手続（第8条〜第19条）
附則
```

　プロバイダの損害賠償責任の制限については、従来どおり第3条に規定があり、サイト管理者（コンテンツプロバイダ）などは、他者の権利を侵害するような情報の「流通」と「送信防止」に関して、一定の場合に、被害者や発信者（投稿者）に対する損害賠償責任が制限されることが定められています。

　また、従来の第4条が改正された第5条では、インターネット上での情報の流通によって権利を侵害された被害者は、サイト管理者（コンテンツプロバイダ）やインターネット接続業者（接続プロバイダ）に対して、発信者（投稿者）の情報の開示を請求できることとされています。（発信者情報開示請求）

上記の発信者情報開示請求は、裁判所の仮処分手続によって行われるのが一般的ですが、サイト管理者とインターネット接続業者の2段階で行う必要があり、時間とコストの負担が大きいという難点が以前から指摘されていました。このため、2021年の法改正で、被害者による発信者（投稿者）の特定に関して、新たに「発信者情報開示命令事件に関する裁判手続」が第4章として創設されました。

　第4章（第8条から第19条）に新設された発信者情報開示命令事件に関する裁判手続では、手続を一つにまとめて1回の手続で対応できるようにするとともに、「非訟事件」という簡易的な形式による審理・発令ができるようにすることで、従来の開示請求が有していた、時間とコストの負担が大きいという課題への対応が図られています。

8 サイバー犯罪って、どんな行為が処罰の対象になるの？

サイバー犯罪って聞くことがあるけど、ハッキングなどのサイバー攻撃のことかな？

刑法や不正アクセス禁止法などで、コンピュータやインターネットを利用した犯罪の処罰が定められているよ

不正アクセス禁止法の規定

サイバー犯罪については、コンピュータやインターネットを利用した犯罪に対応するための、刑法の改正が行われてきていますが、サイバーセキュリティを侵害する行為の禁止等は、個別の法律でも定められています。まずは、そうした個別法の例として、**不正アクセス禁止法**の規定を見てみたいと思います。

不正アクセス禁止法は、コンピュータやシステムに不正に侵入する行為を禁止する法律です。正式名称は、「不正アクセス行為の禁止等に関する法律」で、1999年に制定されています。

不正アクセス禁止法では、他人のIDやパスワードの入力等によって、コンピュータ等を不正に利用できない状態にするような行為を「不正アクセス行為」として定義し、処罰の対象としています。具体的な条文は、以下のとおりです。

▼不正アクセス禁止法（不正アクセス行為の禁止等に関する法律）

> （定義）
> 第2条
> 4　この法律において「**不正アクセス行為**」とは、次の各号のいずれかに該当する行為をいう。
> 　一　アクセス制御機能を有する特定電子計算機に電気通信回線を通じて当該アクセス制御機能に係る他人の識別符号を入力して当該特定電子計算機を作動させ、当該アクセス制御機能により制限されている特定利用をし得る状態にさせる行為（当該アクセス制御機能を付加したアクセス管理者がするもの及び当該アクセス管理

者又は当該識別符号に係る利用権者の承諾を得てするものを除く。)

二　アクセス制御機能を有する特定電子計算機に電気通信回線を通じて当該アクセス制御機能による特定利用の制限を免れることができる情報（識別符号であるものを除く。）又は指令を入力して当該特定電子計算機を作動させ、その制限されている特定利用をし得る状態にさせる行為（当該アクセス制御機能を付加したアクセス管理者がするもの及び当該アクセス管理者の承諾を得てするものを除く。次号において同じ。）

三　電気通信回線を介して接続された他の特定電子計算機が有するアクセス制御機能によりその特定利用を制限されている特定電子計算機に電気通信回線を通じてその制限を免れることができる情報又は指令を入力して当該特定電子計算機を作動させ、その制限されている特定利用をし得る状態にさせる行為

（不正アクセス行為の禁止）
第3条　何人も、不正アクセス行為をしてはならない。

（罰則）
第11条　第3条の規定に違反した者は、3年以下の懲役又は100万円以下の罰金に処する。

　第2条第4項の「不正アクセス行為」の定義を読み解くのが難しいですが、パスワードなどでアクセスが制限されているコンピュータに対して、他人のパスワード（「識別符号」）を入力したり（第1号）、コンピュータプログラムの不備を衝く（第2号、第3号）ことによって、本来アクセスする権限のないコンピュータを利用すること、と思っていただければと思います。第2号と第3号の違いは、直接アクセス制限機能を有するコンピュータを攻撃するか、回線で接続された他のコンピュータを攻撃対象とするかの違いとなっています。

　不正アクセス行為については、大まかには、他人のIDやパスワードによるなりすまし（不正ログイン）と、プログラムの不備を衝く行為（セキュリティホール攻撃）が処罰の対象となっていると考えていただければ大丈夫かと思います。

　なお、不正アクセス行為のほか、他人のパスワードの不正取得（不正取得罪）（第4条）、不正アクセス行為の助長（不正助長罪）（第5条）、不正アクセスの目的でのパスワードの不正保管（不正保管罪）（第6条）、パスワードの入力の不正な要求（不正入力要求罪）（第7条）も、処罰の対象となっています。いわゆるフィッシング行為を対象とする第7条の「不正入力要求罪」や、パスワードの不正入手や流通を防ぐ第4条の「不正取得罪」、第6条の「不正保管罪」の規定は、不正アクセス防止対策を強化するため、2012年の改正で追加されたものです。

特定商取引法、特定電子メール法の規定

　サイバー犯罪と関連する場合も考えられる、いわゆる迷惑メールに対する規制については、**特定商取引法**（特定商取引に関する法律）と**特定電子メール法**（特定電子メールの送信の適正化等に関する法律）に関係する規定が置かれています。

　このうち、特定商取引法は、消費者保護と取引の適正化のために定められた法律で、通信販売の広告手段としての電子メールの規制が定められています。

　もう一つの特定電子メール法は、いわゆる迷惑メールに関する規制を目的として2002年に制定された法律で、利用者の同意を得ずに広告、宣伝又は勧誘等を目的とした電子メールを送信することが規制の対象となっています。

　いずれの法律においても、2008年の改正で、事前にメールの送信の承諾を得た相手に対してのみ、メールの送信を許可する方式（オプトイン方式）が導入されています。また、相手方からメールが不要との意思が示された場合には、メールを送付してはならない旨が定められています。

▼特定商取引法（特定商取引に関する法律）

　（承諾をしていない者に対する電子メール広告の提供の禁止等）
第12条の3　販売業者又は役務提供事業者は、次に掲げる場合を除き、通信販売をする場合の商品若しくは特定権利の販売条件又は役務の提供条件について、その相手方となる者の承諾を得ないで電子メール広告（当該広告に係る通信文その他の情報を電磁的方法（電子情報処理組織を使用する方法その他の情報通信の技術を利用する方法であつて主務省令で定めるものをいう。以下同じ。）により送信し、これを当該広告の相手方の使用に係る電子計算機の映像面に表示されるようにする方法により行う広告をいう。以下同じ。）をしてはならない。
　一～三　（略）
2　前項に規定する承諾を得、又は同項第1号に規定する請求を受けた販売業者又は役務提供事業者は、当該通信販売電子メール広告の相手方から通信販売電子メール広告の提供を受けない旨の意思の表示を受けたときは、当該相手方に対し、通信販売電子メール広告をしてはならない。ただし、当該意思の表示を受けた後に再び通信販売電子メール広告をすることにつき当該相手方から請求を受け、又は当該相手方の承諾を得た場合には、この限りでない。

▼特定電子メール法（特定電子メールの送信の適正化等に関する法律）

　（特定電子メールの送信の制限）
第3条　送信者は、次に掲げる者以外の者に対し、特定電子メールの送信をしてはならない。
　一　あらかじめ、特定電子メールの送信をするように求める旨又は送信をすること

に同意する旨を送信者又は送信委託者（電子メールの送信を委託した者（営利を目的とする団体及び営業を営む場合における個人に限る。）をいう。以下同じ。）に対し通知した者

二～四　（略）

3　送信者は、第1項各号に掲げる者から総務省令・内閣府令で定めるところにより特定電子メールの送信をしないように求める旨（一定の事項に係る特定電子メールの送信をしないように求める場合にあっては、その旨）の通知を受けたとき（送信委託者がその通知を受けたときを含む。）は、その通知に示された意思に反して、特定電子メールの送信をしてはならない。ただし、電子メールの受信をする者の意思に基づき広告又は宣伝以外の行為を主たる目的として送信される電子メールにおいて広告又は宣伝が付随的に行われる場合その他のこれに類する場合として総務省令・内閣府令で定める場合は、この限りでない。

　これらのオプトイン規制に違反した場合には、行政処分や刑罰の対象となることが、それぞれの法律で定められています。（特定商取引法第14条、第15条、第72条、特定電子メール法第7条、第34条、第37条）

　なお、コンピュータウイルスを送付することを目的として電子メールを送付するような行為については、刑法第234条の2の電子計算機損壊等業務妨害罪の対象となる可能性があります。

刑法の規定

　刑法では、コンピュータやインターネットを利用する犯罪に関する規定が設けられていますが、特に2011年の「情報処理の高度化等に対処するための刑法等の一部を改正する法律」による改正では、サイバーセキュリティに関連の深い、コンピュータウイルスの作成、提供等を対象とする「不正指令電磁的記録に関する罪」（第168条の2等）が新設されたほか、DDoS攻撃を想定して、電子計算機損壊等業務妨害罪に未遂の規定（第234条の2第2項）が追加されています。

▼刑法

（不正指令電磁的記録作成等）

第168条の2　正当な理由がないのに、人の電子計算機における実行の用に供する目的で、次に掲げる電磁的記録その他の記録を作成し、又は提供した者は、3年以下の懲役又は50万円以下の罰金に処する。

一　人が電子計算機を使用するに際してその意図に沿うべき動作をさせず、又はその意図に反する動作をさせるべき**不正な指令を与える電磁的記録**

二　前号に掲げるもののほか、同号の不正な指令を記述した電磁的記録その他の記録

（電子計算機損壊等業務妨害）

第234条の2　人の業務に使用する電子計算機若しくはその用に供する電磁的記録を損壊し、若しくは人の業務に使用する電子計算機に虚偽の情報若しくは不正な指令を与え、又はその他の方法により、電子計算機に使用目的に沿うべき動作をさせず、又は使用目的に反する動作をさせて、人の業務を妨害した者は、5年以下の懲役又は100万円以下の罰金に処する。

2　前項の罪の未遂は、罰する。

　これらを含め、サイバー犯罪に関する刑法の主な規定としては、以下のようなものがあります。

サイバー犯罪に関する刑法の主な規定
・電磁的記録不正作出等罪（第161条の2）
・不正指令電磁的記録作成等罪（第168条の2）
・不正指令電磁的記録取得等罪（第168条の3）
・電子計算機損壊等業務妨害罪（第234条の2）
・電子計算機使用等詐欺罪（第246条の2）

4

　長くなってしまうので、ここでは犯罪名の列挙にとどめますが、「電磁的記録」は、証明書類などの電子データ、「不正指令電磁的記録」は、コンピュータウィルス、「電子計算機」はコンピュータ、と置き換えてもらうと、どのような行為が処罰の対象となるのか、イメージを持っていただけるのではないかと思います。

サイバー攻撃に備えて、一般の事業者は、何をすればいいの?

一般の事業者は，サイバー攻撃に備える必要はないのかな?

事業者向けのガイドラインなどを踏まえて、自主的な取組を進めることが求められているよ

事業者の自主的な取組のためのガイドライン

　サイバーセキュリティ基本法では、「事業者は、基本理念にのっとり、その事業活動に関し、自主的かつ積極的にサイバーセキュリティの確保に努める」こととされています。このため、一般の事業者においては、それぞれが自主的な取組を進めることが基本となりますが、その際に参考とすべきガイドラインが、各省庁等から示されています。

　その中でおそらく最も参照される機会が多いものは、経済産業省と独立行政法人情報処理推進機構 (IPA) が、企業の経営者向けに策定した「サイバーセキュリティ経営ガイドライン」ではないかと思われます。この経営ガイドラインでは、経営者が認識すべき「3原則」(経営者のリーダーシップの重要性、サプライチェーン全体にわたる対策、平時からの情報共有) や、「サイバーセキュリティ対策のための重要10項目」などが示されています。また、IPA では、中小企業の経営者や実務担当者向けの「中小企業の情報セキュリティ対策ガイドライン」も策定・公開しており、こちらのガイドラインでは、情報セキュリティ対策に関して、より具体的な手順や手法が示されています。

　このほか、業種別にガイドラインが示されている場合もあり、例えば、医療関係においては、厚生労働省から「医療情報システムの安全管理に関するガイドライン」が、総務省と経済産業省から「医療情報を取り扱う情報システム・サービス提供事業者における安全管理ガイドライン」が示されています。(前者は主に医療機

関等を対象としたもので、後者は医療情報を取り扱うシステム等の提供事業者が対象とされています。）

　さらに、業界団体において、独自にガイドラインが策定されている場合もあります。例えば、自動車産業固有のサイバーセキュリティリスクを考慮したガイドラインとして、「自動車産業サイバーセキュリティガイドライン」が、一般社団法人日本自動車工業会（自工会）で策定・公開されています。

　このようなガイドライン等を参考に、各事業者においてサイバーセキュリティの対策が進められています。

事業者の情報セキュリティ対策の認証の仕組み

　事業者におけるサイバーセキュリティ（情報セキュリティ）の取組については、ガイドライン等に基づいて、それぞれ自主的な取組が進められているところですが、各事業者の取組が一定の基準に適合していることを、客観的に評価・認証するための仕組みも存在しています。具体的には、産業標準化法に基づいて定められる「日本産業規格」（JIS 規格）の中に、事業者のマネジメントシステムに関する規格も含まれており、各事業者の取組がこれらの規格が求める水準に適合しているかについて、第三者機関から認証を受けることができるような仕組みが設けられています。

4

　情報セキュリティに関する認証の仕組みとしては、Ｐマーク（プライバシーマーク）制度や、ISMS認証の仕組みがあります。それぞれのJIS規格としては、JIS Q 15001「個人情報保護マネジメントシステム−要求事項」と、JIS Q 27001「情報技術−セキュリティ技術−情報セキュリティマネジメントシステム−要求事項」とが定められています。

　このうち、Ｐマークについては、個人情報への適切な保護措置を講ずる体制を整備する事業者に認定付与されるものです。認定を受けた事業者は、その事業活動に関して、Ｐマークを使用することができるようになります。（Ｐマークのロゴを見たことのある方も多いのではないでしょうか。）

　一方、ISMSは「情報セキュリティマネジメントシステム」（Information Security Management System）のことで、ISMSに関する国際標準規格であるISO/IEC27001が定められていますが、この内容に準拠した国内規格としてJIS Q 27001が定められています。ISMS認証は、各事業者の取組がISMSの規格に

適合しているかについて、事業者内での自己診断を行った上で、第三者機関からの認証を受けるという仕組みとなっています。

　なお、これらのJIS規格の制定は産業標準化法に基づいて国（主務大臣）が行うものですが、上記のような認証の仕組みは、民間の第三者機関によるもので、任意のものとなっています。

地方自治体向けのガイドライン

　ここまで、民間事業者の情報セキュリティに関するガイドライン等を見てきましたが、地方自治体については、総務省が「地方公共団体における情報セキュリティポリシーに関するガイドライン」を策定しています。地方自治体の情報セキュリティの取組は、地域によってばらつきが出かねないため、統一的な基準を持たせることを目的としてガイドラインが策定されているものです。

　なお、国の行政機関等については、サイバーセキュリティ戦略本部が「政府機関等のサイバーセキュリティ対策のための統一基準群」を策定しています。上記の「地方公共団体における情報セキュリティポリシーに関するガイドライン」は、国の行政機関等向けの「統一基準群等」を踏まえて、総務省が策定しているものです。

　また、特に教育委員会向けのものとしては、文部科学省が、学校におけるICTの活用に関する情報セキュリティ対策や考え方を整理した「教育情報セキュリティポリシーに関するガイドライン」を策定しています。「GIGAスクール構想」の下で、学校現場では、児童生徒1人1台端末の環境実現に向けた取り組みが進められていますが、一方で、タブレット端末の利活用におけるセキュリティ対策などの課題への対応が必要となっており、ガイドラインは、そうした課題への対策などが盛り込まれたものとなっています。

　サイバーセキュリティに関するガイドラインの例
　（経営者等向けのもの）
　・サイバーセキュリティ経営ガイドライン
　・中小企業の情報セキュリティ対策ガイドライン
　（業種別のもの）
　・医療情報システムの安全管理に関するガイドライン
　・医療情報を取り扱う情報システム・サービス提供事業者における安全管
　　理ガイドライン

・自動車産業サイバーセキュリティガイドライン

（地方自治体等向けのもの）

・地方公共団体における情報セキュリティポリシーに関するガイドライン

・教育情報セキュリティポリシーに関するガイドライン

情報セキュリティに関する認証の仕組み

・Pマーク（プライバシーマーク）制度（認証基準：JIS Q 15001）

・ISMS認証（認証基準：JIS Q 27001）

4

10 災害時や停電などへの対応は、法律で何か定められているの？

災害や停電のときに、システムが使えなくなってしまうと大変だね

各省庁のシステムでは、同時被災しないようなバックアップシステムや、非常用電源の確保などの対策がとられているよ

デジタル社会形成基本法の規定

　ここまで、サイバー攻撃等への対応という観点で、情報システムなどの安全性確保について見てきましたが、社会のデジタル化が進展して情報通信ネットワークが重要な役割を担っていることを踏まえると、災害や停電などの際にも支障が生じないように、ネットワークやシステムなどが持続的に機能することや、早期に復旧するための対策を準備しておくことが重要です。そのような観点で、サイバーセキュリティ対策と災害対策とが重なる部分もあります。

　デジタル社会形成基本法においても、国の施策の策定に関する基本方針として、「サイバーセキュリティの確保等」に関する条文の中で、情報通信ネットワークの災害対策のために必要な措置が講じられなければならないことが定められています（第33条）。

　また、基本理念に関する第7条で掲げられている「高度情報通信ネットワークの利用及び情報通信技術を用いた情報の活用により、大規模な災害の発生……に迅速かつ適切に対応する」ことを実現する上でも、ネットワークやシステムが持続的に機能するための対策が重要となります。

▼デジタル社会形成基本法

（国民が安全で安心して暮らせる社会の実現）
第7条　デジタル社会の形成は、**高度情報通信ネットワークの利用及び情報通信技術**

を用いた情報の活用により、**大規模な災害の発生、感染症のまん延その他の国民の生命、身体又は財産に重大な被害が生じ、又は生ずるおそれがある事態に迅速かつ適確に対応する**ことにより、被害の発生の防止又は軽減が図られ、もって国民が安全で安心して暮らせる社会の実現に寄与するものでなければならない。

（サイバーセキュリティの確保等）
第33条　デジタル社会の形成に関する施策の策定に当たっては、サイバーセキュリティ（サイバーセキュリティ基本法（平成26年法律第104号）第2条に規定するサイバーセキュリティをいう。第37条第2項第14号において同じ。）の確保、情報通信技術を用いた犯罪の防止、情報通信技術を用いた本人確認の信頼性の確保、情報の改変の防止、**高度情報通信ネットワークの災害対策**、個人情報の保護その他の国民が安心して高度情報通信ネットワークの利用及び情報通信技術を用いた情報の活用を行うことができるようにするために必要な措置が講じられなければならない。

　なお、**サイバーセキュリティ基本法**の下では、重要インフラ事業者の自主的な取組の促進のため、「重要インフラのサイバーセキュリティ対策に係る行動計画」が、サイバーセキュリティ戦略本部によって策定されていますが、この行動計画においては、自然災害もリスクとして捉えられており、災害等による障害に備えた体制の整備や、障害発生時の適切な対応、迅速な復旧の必要性についても、「重要インフラ防護」の目的の中に含まれています。

4

各省庁の情報システムの運用継続計画

　国の行政機関の業務については、**首都直下地震対策特別措置法**の規定に基づいて、政府業務継続計画（首都直下地震対策）が閣議決定されています。

　その政府の業務継続計画の中で、「通信・情報システムの確保」についても盛り込まれており、具体的には、内閣府が、「中央省庁の庁舎において、通信・情報システムが安定的に稼働し、又は早期の復旧が図られるよう、電気通信事業者との間で、協力体制の充実を図る」こととされ、各省庁等は、「専用回線、衛星携帯電話等の複数の通信手段の確保、通信網の冗長化等の措置を講ずる」こととされています。

　また、各省庁等は、NISCの定める「中央省庁における情報システム運用継続計画ガイドライン」に基づいて、「情報システム運用継続計画」を作成し、非常時優先業務及び管理事務に係る情報システムについて、必要により相互に連携協力して、平常時の情報システム設置拠点と同時被災しないことが想定される場所にバックアップシステムを確保する等の措置を講ずることとされています。

（行政中枢機能の維持に係る緊急対策実施計画）
第5条　政府は、緊急対策推進基本計画を基本として、首都直下地震が発生した場合における国の行政に関する機能のうち中枢的なもの（以下この条において「行政中枢機能」という。）の維持に係る緊急対策の実施に関する計画（以下この条において「緊急対策実施計画」という。）を定めなければならない。

　なお、一般の事業者についても、災害などの不測の事態に備え、業務を継続するための事業継続計画（BCP）を策定することは重要です。各事業者における事業継続計画の策定については、その取組を促進するため、内閣府が「事業継続ガイドライン」を策定していますが、その中には、「情報及び情報システムの維持」に関する項目も含まれています。

災害時の電力確保に関する電気事業法の改正（2020年）

　ここまで、災害時等のネットワークやシステムに関する対策について、関係の法律等を見てきましたが、システムの稼働やシステムに接続するためのデジタル機器の使用のためには、必要な電力の確保が不可欠です。

　このため、災害時においても、安定的な電力の確保や被害からの早期の復旧などが求められますが、この関係では、様々な自然災害が発生した際にも耐えられるよう、電力インフラ・システムの強靱性を高めるための電気事業法等の改正が、2020年に行われています。

　この改正では、近年の災害時における送配電網の被災や大規模停電などの経験も踏まえ、災害時の電力会社間の連携強化や、被災時の速やかな復旧のための規定などが新たに設けられています。

　特に、事業者間の連携強化については、電力会社（「一般送配電事業者」）に「災害時連携計画」の策定を義務づけ、災害時における関係機関との連携をスムーズにする仕組みや、電力会社間で災害への対応にそなえて資金をあらかじめ積み立て、被災した際には積立から交付する「相互扶助制度」の創設などの改正が行われています。

　以下、参考まで、「災害時連携計画」に関する条文を引用しておきます。

▼電気事業法

（災害時連携計画）
第33条の2　一般送配電事業者は、共同して、経済産業省令で定めるところにより、

> 災害その他の事由による事故により電気の安定供給の確保に支障が生ずる場合に備
> えるための一般送配電事業者相互の連携に関する計画（以下この条において「災害時
> 連携計画」という。）を作成し、推進機関を経由して経済産業大臣に届け出なければ
> ならない。これを変更したときも、同様とする。

　この電気事業法の改正は、デジタル化に限った話ではありませんが、災害時の
電力確保は、社会のデジタル化を進めていく上でも重要な課題ですので、ここで
合わせて取り上げさせていただきました。

4

第5章 デジタル化に関する政策推進の枠組み

デジタル化の政策を推進する ための基本法があるの？

デジタル化に関する基本法は、デジタル社会形成基本法なの？

デジタル社会形成基本法のほかにも、サイバーセキュリティやデータの利活用に関する政策の推進のための基本法が制定されているよ

IT基本法 (2000年〜2021年)

基本法とは、国として施策の推進が必要な重要な政策分野について、基本理念や基本的施策などを定める法律です。多くの基本法では、基本理念や基本的な施策に加え、基本計画の策定や推進組織についても規定されています。また、国や地方自治体、民間事業者等の責務について定める例も比較的多く見られます。

デジタル化の推進に関する最初の基本法は、2000年に制定された**IT基本法** (高度情報通信ネットワーク社会形成基本法) です。IT基本法については、ここまでの様々な項目の説明の中でも触れていますが、当時、世界的規模で生じていた、情報通信技術の活用による、急激かつ大幅な社会経済構造の変化 (IT革命) に対応するために、2000年に制定された法律です。

IT基本法では、高度情報通信ネットワーク社会の形成に関して、基本理念と基本的な施策について定めているほか、内閣官房へのIT戦略本部の設置と、IT戦略本部が重点計画を作成することなども盛り込まれており、現在にもつながる、デジタル化に向けた政策の推進の枠組みが定められました。

IT基本法は、2021年のデジタル社会形成基本法の制定に伴って廃止されましたが、多くの基本理念等はデジタル社会形成基本法に引き継がれています。また、IT基本法の廃止により、IT戦略本部も廃止されましたが、2021年に同時に制定され

たデジタル庁設置法により、新たな行政機関として、デジタル庁が設置されました。IT戦略本部の推進してきた業務は、現在、デジタル庁に移管されています。

デジタル社会形成基本法（2021年）

デジタル社会形成基本法は、デジタル社会の形成に関して、基本理念や基本的な施策の枠組みを定めている法律です。2021年に、IT基本法が廃止され、新たに、このデジタル社会形成基本法が制定されました。

デジタル社会形成基本法では、デジタル社会の形成に関して、基本理念や施策の基本方針、国・地方公共団体・事業者の責務、デジタル庁の設置、重点計画の作成などが定められています。目次は、以下のようになっています。

> デジタル社会形成基本法
> 目次
> 第1章　総則（第1条・第2条）
> 第2章　基本理念（第3条～第12条）
> 第3章　国、地方公共団体及び事業者の責務等（第13条～第19条）
> 第4章　施策の策定に係る基本方針（第20条～第35条）
> 第5章　デジタル庁（第36条）
> 第6章　デジタル社会の形成に関する重点計画（第37条・第38条）
> 附則

デジタル社会形成基本法の目標はデジタル社会の形成で、デジタル化推進の対象は行政分野に限られませんが、行政の情報化の推進について数多くの規定が置かれています。

行政手続のデジタル化に関する通則法としては、**デジタル手続法**（情報通信技術を活用した行政の推進等に関する法律）が制定されていますが、基本理念や基本方針を定めるデジタル社会形成基本法と、具体的な手続のデジタル化や情報システムの整備に関する規定を持つデジタル手続法とが、いわば一体的な形で、行政分野のデジタル化の推進に重要な役割を果たしています。

5

サイバーセキュリティ基本法 (2014年)、官民データ活用推進基本法 (2016年)

デジタル社会形成基本法のほかにも、デジタル化に関する基本法があり、2014年には、**サイバーセキュリティ基本法**が制定されています。

サイバーセキュリティ基本法は、2000年のIT基本法制定後に、デジタル化の進展により生じたサイバーセキュリティの確保という重要課題に政策的に対応するために定められた基本法で、2014年に、いわゆる議員立法として提案・成立した法律です。

サイバーセキュリティ基本法では、サイバーセキュリティの推進に関する基本理念や、国の責務等が定められています。また、政策に関する基本計画 (サイバーセキュリティ戦略) の策定や推進組織 (サイバーセキュリティ戦略本部) 等についても規定しています。

「サイバーセキュリティ」についての定義が置かれていることや、重要インフラ事業者 (「重要社会基盤事業者」) のサイバーセキュリティ確保について、重点的に記載されていることなどが、この法律の特徴となっています。

また、2016年には、官民データ活用推進基本法が制定されています。

官民データ活用推進基本法は、デジタル技術の進展により生じたビッグデータの活用などの新たな課題に対応するために、議員立法として提案・成立した法律です。

2000年のIT基本法以後のデジタル技術の進展による変化への対応という意味では、サイバーセキュリティ基本法と同様の背景を持っています。

総則には、目的や基本理念などが置かれていますが、特徴的なこととしては、定義規定の中で、AI (人工知能) やIoT (インターネット・オブ・シングス)、クラウドサービスなど新技術に関する法律上の定義が新たに置かれていることが挙げられます。

▼官民データ活用推進基本法

（定義）
第2条
2　この法律において「**人工知能関連技術**」とは、人工的な方法による学習、推論、判断等の知的な機能の実現及び人工的な方法により実現した当該機能の活用に関する技術をいう。
3　この法律において「**インターネット・オブ・シングス活用関連技術**」とは、インター

ネットに多様かつ多数の物が接続されて、それらの物から送信され、又はそれらの物に送信される大量の情報の活用に関する技術であって、当該情報の活用による付加価値の創出によって、事業者の経営の能率及び生産性の向上、新たな事業の創出並びに就業の機会の増大をもたらし、もって国民生活の向上及び国民経済の健全な発展に寄与するものをいう。

4　この法律において「**クラウド・コンピューティング・サービス関連技術**」とは、インターネットその他の高度情報通信ネットワークを通じて電子計算機（入出力装置を含む。以下同じ。）を他人の情報処理の用に供するサービスに関する技術をいう。

　官民データ活用推進基本法の第2章では、「官民データ活用」を推進するための計画の策定を、政府、都道府県、市町村に求める規定が置かれ、第3章では、基本的な施策に関する多様な規定が置かれています。

　また、第3章の規定の中には、「行政手続に係るオンライン利用の原則化」（第10条）や「情報システムに係る規格の整備、互換性の確保」（第15条）などの規定も置かれていて、2019年に成立した、行政手続のオンライン化を原則とする**デジタル手続法**や、2021年の**自治体システム標準化法**（地方公共団体情報システムの標準化に関する法律）の制定につながっていく内容となっています。

▼官民データ活用推進基本法

（手続における情報通信技術の利用等）
第10条　国は、行政機関等（情報通信技術を活用した行政の推進等に関する法律（平成14年法律第151号）第3条第2号の行政機関等をいう。以下この項において同じ。）に係る**申請、届出、処分の通知その他の手続に関し、電子情報処理組織（行政機関等の使用に係る電子計算機と当該行政機関等の手続の相手方の使用に係る電子計算機とを電気通信回線で接続した電子情報処理組織をいう。）を使用する方法その他の情報通信技術を利用する方法により行うことを原則とする**よう、必要な措置を講ずるものとする。

（情報システムに係る規格の整備及び互換性の確保等）
第15条　国及び地方公共団体は、官民データ活用に資するため、相互に連携して、自らの**情報システムに係る規格の整備及び互換性の確保**、業務の見直しその他の必要な措置を講ずるものとする。

2　国は、多様な分野における横断的な官民データ活用による新たなサービスの開発等に資するため、国、地方公共団体及び事業者の**情報システムの相互の連携を確保するための基盤の整備**その他の必要な措置を講ずるものとする。

デジタル庁って、何をするところなの？

デジタル庁って、なんで新しく作られたんだろう？

行政分野などでのデジタル化の遅れが、コロナ禍で顕在化したことを踏まえて、デジタル社会形成の司令塔として設置されたよ

デジタル庁設置の背景

「デジタル社会形成の司令塔」として取り上げられることの多い**デジタル庁**ですが、どのような経緯から設置されたのでしょうか？

デジタル庁の設置の背景には、2020年のコロナ禍で顕在化したデジタル化に関する課題があります。2000年のIT基本法の下でのe-Japan戦略の推進などから、20年以上にわたって、わが国では、行政のデジタル化対応などの取組が進められてきましたが、コロナ禍の社会状況の変化によって、さらなるデジタル化の推進が求められることとなりました。また、コロナ禍での特別定額給付金の支給時には、行政組織間のシステムの不統一やデータの連携不足により、給付手続の遅れが指摘されるなど、現状の仕組みの下では十分に迅速で柔軟な取組みができない状況が顕在化しました。（こうした状況を受けて、当時の平井デジタル担当大臣が「デジタル敗戦」と述べたことは、令和3年版の情報通信白書にも記載されています。）

このような行政のデジタル化の遅れを解消し、国民に利便性の高い行政サービスを提供するため、「デジタル社会形成の司令塔」としてデジタル庁が設置されることとなりました。

その後、2021年5月には、デジタル庁設置法やデジタル社会形成基本法などを含む「デジタル改革関連法」が成立し、同年9月にデジタル庁が発足しています。

デジタル大臣と勧告権

　先程述べたような経緯を踏まえ、政府全体に横串を指した取組によってデジタル化を強力に推進するためには、司令塔であるデジタル庁が、各省庁に対して十分に総合調整権限を持つことが重要となります。このため、デジタル庁については、内閣直属の組織として設置した上で、勧告権を持つデジタル大臣を置くこととされています。デジタル庁を、内閣直属の組織として設置することは、デジタル社会形成基本法でも一章を設けて定められています。

▼**デジタル社会形成基本法**

> 第5章　デジタル庁
> 第36条　基本理念にのっとり、デジタル社会の形成に関する内閣の事務を内閣官房と共に助けるとともに、デジタル社会の形成に関する行政事務の迅速かつ重点的な遂行を図るため、別に法律で定めるところにより、**内閣に、デジタル庁を置く。**

　デジタル庁の設置については、デジタル庁設置法に具体的な定めが置かれていますが、デジタル庁の所掌事務としては、デジタル社会の形成のための施策に関する基本的な方針に関する企画立案や総合調整等（第4条第1項）のほか、デジタル社会の形成に関する重点計画の作成、官民データの利活用、マイナンバー、国の情報システムの整備等（第4条第2項）の業務を推進することとされています。

　そして、組織に関しては、内閣直属の組織であること（第5条）、組織の長は内閣総理大臣であること（第6条）や、デジタル大臣を置くこと、デジタル大臣は関係行政機関の長への勧告権を有すること（第8条）などが定められています。

▼**デジタル庁設置法**

> （デジタル大臣）
> 第8条　デジタル庁に、デジタル大臣を置く。
> 2　デジタル大臣は、国務大臣をもって充てる。
> 3　デジタル大臣は、内閣総理大臣を助け、デジタル庁の事務を統括し、職員の服務について統督する。
> 4　デジタル大臣は、第4条第1項に規定する事務の遂行のため必要があると認めるときは、関係行政機関の長に対し、必要な資料の提出及び説明を求めることができる。
> 5　デジタル大臣は、第4条第1項に規定する事務の遂行のため特に必要があると認めるときは、関係行政機関の長に対し、勧告することができる。この場合において、関係行政機関の長は、当該勧告を十分に尊重しなければならない。
> 6　デジタル大臣は、前項の規定により関係行政機関の長に対し勧告したときは、当該関係行政機関の長に対し、その勧告に基づいてとった措置について報告を求めるこ

とができる。

7 デジタル大臣は、第5項の規定により勧告した事項に関し特に必要があると認める
ときは、内閣総理大臣に対し、当該事項について内閣法第6条の規定による措置がと
られるよう意見を具申することができる。

以上のように、他の行政機関の長に対して勧告をする権限がデジタル大臣には
与えられており（第8条第5項）、そのことに関して総理大臣に意見具申すること
もできることとされています（第8条第7項）。

このような規定が置かれているのは、デジタル庁が、デジタル社会の形成に関
する司令塔として、強力な総合調整機能を有する組織として設計されていること
の表れと言えると思います。

情報システム関係予算の調整権限

デジタル庁の持つ各府省への総合調整機能として、国の行政機関の情報システ
ム関係予算を一括計上する仕組みも重要なものとなっています。

すでに説明した内容と重複しますが、国の行政機関の情報システム整備につい
ては、デジタル庁が行政各部の事業の統括・管理をすることが定められており、
情報システム関係予算をデジタル庁に一括計上し、各府省に配分して執行する仕
組みとなっています。

そもそも、「情報システム整備計画」の作成・推進が、デジタル庁の役割として
規定されているのですが、このような予算の一括計上と配分の過程での調整権限
が存在することによって、デジタル庁の司令塔機能の下で、政府全体の方針に沿っ
て情報システム整備が戦略的に推進されることが裏付けられています。

▼デジタル庁設置法

（所掌事務）

第4条 （略）

2 デジタル庁は、前条第2号の任務を達成するため、次に掲げる事務をつかさどる。

十六 情報システム整備計画（情報通信技術を活用した行政の推進等に関する法律
第4条第1項に規定する情報システム整備計画をいう。第18号イ及びハにおいて
同じ。）の作成及び推進に関すること。

十七 国の行政機関が行う情報システムの整備及び管理に関する行政各部の事業を
統括し及び監理すること。

十八 国の行政機関が行う情報システム（国の安全等に関するものその他の政令で
定めるものを除く。以下この号において同じ。）の整備及び管理に関する事業を、
次に定めるところにより、実施すること。

イ〜ハ （略）

3 アナログ規制をデジタル化するための法律上の仕組みができたの？

2023年に成立したデジタル規制改革推進一括法って、どんな法律なんだろう？

デジタル規制改革を将来にわたって推進するための法律改正が一括的に行われているよ

デジタル社会基本法の改正（2023年）

　本書の中では、様々な法律がデジタル化に対応したものとなってきていることを紹介してきましたが、さらにデジタル技術の進展に対応した法律の見直しを進めるための法改正（デジタル規制改革推進一括法による改正）が、2023年に行われています。

　デジタル規制改革推進一括法では、**デジタル規制改革**を法的に位置づけるため、まず、デジタル社会形成基本法の「第4章　施策の策定に係る基本方針」の中に、「デジタル技術の効果的な活用のための規制の見直し」に関する条文（第36条）が新たに追加されました。また、政府が策定する「デジタル社会の形成に関する重点計画」の中に、デジタル規制改革に関して政府が迅速かつ重点的に講ずべき施策について盛り込むことも明記されました（第38条第2項第15号）。

　これらの改正によって、デジタル化に関する国の基本方針として、デジタル規制改革を推進するということが明確に位置づけられました。

▼デジタル社会形成基本法（※2023年改正後）

（情報通信技術の効果的な活用のための規制の見直し）
第36条　デジタル社会の形成に関する施策の策定に当たっては、最新の情報通信技術の活用により国民の利便性の向上及び行政運営の改善を図る観点から、国、地方公共団体及び事業者の業務の処理について、これに関連する**規制により情報通信技術の進展の状況を踏まえたその効果的な活用が妨げられないようにするために必要な措置が講じられなければならない。**

（デジタル社会の形成に関する重点計画の作成等）

第38条

2　重点計画は、次に掲げる事項について定めるものとする。

　一〜十四　（略）

　十五　情報通信技術の効果的な活用のための規制の見直しに関し政府が迅速かつ重点的に講ずべき施策

　十六　（略）

　このほか、デジタル手続法にも、新たに「情報通信技術の効果的な活用の推進に関する施策」に関する第4章が設けられ、国や地方自治体が、情報通信技術の進展の状況を踏まえて、情報通信技術の効果的な活用のための施策を講じなければならないことが定められました（第16条）。

▼**デジタル手続法（情報通信技術を活用した行政の推進等に関する法律）（※2023年改正後）**

（情報通信技術の進展への対応）

第16条　国は、**情報通信技術の進展の状況を踏まえ**、手続等並びにこれに関連する行政機関等の事務及び民間事業者の業務の処理において、国民の利便性の向上及び行政運営の改善を図る観点から**情報通信技術を効果的に活用することができるようにするため、必要な施策を講じなければならない。**

2　地方公共団体は、国が前項の規定に基づき講ずる施策に準じて、条例又は規則に基づく手続並びにこれに関連する行政機関等の事務及び民間事業者の業務の処理において、国民の利便性の向上及び行政運営の改善を図る観点から**情報通信技術を効果的に活用することができるようにするため、必要な施策を講ずるよう努めなければならない。**

デジタル手続法等の改正（2023年）

　国や地方自治体での情報通信技術の活用に関するデジタル手続法の改正については、先ほど記載したとおりですが、デジタル手続法に関しては、このほかに行政手続のオンライン化を更に推進するための改正も行われています。

　デジタル手続法の第6条と第7条では、国民等から行政機関への申請手続や行政機関から国民等が受け取る通知について、他の法令で書面で行うこととされている場合でも、デジタル手続法の主務省令で定めれば、オンライン化をすることできるという定めが置かれています。ですが一方で、他の法令で、情報通信技術を利用する方法が定められている場合には、各手続ごとにカスタマイズされた方法を尊重することとして、デジタル手続法の第6条、第7条の規定は適用されないこ

ととされていました。

　このため、他の法令で、フロッピーディスクやCD-Rなどでの記録媒体での提出が定められているような場合には、(フロッピーディスクやCD-Rの使用も情報通信技術を利用する方法ですので、)デジタル手続法の適用除外となっていたのですが、今回の改正では、このように記録媒体での提出を定めるような場合にもデジタル手続法が適用されるよう(デジタル手続法によるオンライン化が可能となるよう)、適用除外規定が見直されました。記録媒体によって提出する場合には、媒体への書き込みや郵送・持参などが必要となるため、テレワーク等の妨げになっている状況がありますが、今回の改正で、手続のオンライン化が可能となれば、そのような状況が解消されることとなります。

　また、デジタル規制改革推進一括法では、何らかの情報について特定の場所に書面で掲示することが定められている規定(書面掲示規制)について、インターネットによる閲覧等を可能とするため、そのような書面掲示規制を定める個別の法律62本の一括改正も行われました。これらの改正によって、いつでもどこでも、インターネットを通じて必要な情報が確認できるようになり、利用者の利便性の向上が図られることとなります。

　なお、書面掲示の主体は、行政だけでなく、民間事業者の場合もあります(利用料金を掲示する場合など)ので、民間事業者にインターネットでの情報発信などの新たな対応を求めるという側面もありますが、対応困難な一部の零細事業者等については、適用除外の規定が設けられています。詳しくは、各法律の改正内容を参照してください。(デジタル規制改革推進一括法は、2023年6月16日に公布されていますが、施行日は、原則として公布後1年以内(公示送達のデジタル化は、民事訴訟法の公示送達制度の見直しの施行時期を踏まえ、公布後3年以内)とされています。)

　一例として、改正後の児童福祉法は、以下のような形となっています。

▼児童福祉法

> 第59条の2の2　前条第1項に規定する施設の設置者は、次に掲げる事項について、当該施設において提供されるサービスを利用しようとする者の見やすい場所に掲示するとともに、内閣府令で定めるところにより、**電気通信回線に接続して行う自動公衆送信(公衆によつて直接受信されることを目的として公衆からの求めに応じ自動的に送信を行うことをいい、放送又は有線放送に該当するものを除く。)により公衆の閲覧に供しなければならない。**

今後のデジタル規制改革に向けて

　今回のデジタル規制改革推進一括法では、デジタル技術が規制の見直し等に効果的に活用されるよう、**テクノロジーマップ**（デジタル技術と規制の見直し事項の対応関係などを示したもの）の公表・活用に関する、デジタル手続法の改正も行われています。

　具体的には、内閣総理大臣（実務はデジタル庁）が、規制の見直しに資する技術に関する情報（テクノロジーマップ等）について公表することや、国の行政機関等は当該情報を活用するよう努めなければならないことについて、新たな条文（第17条）が設けられました。

▼デジタル手続法（情報通信技術を活用した行政の推進等に関する法律）
　（※2023年改正後）

（規制の見直しに資する情報通信技術に関する情報の公表及び活用）
第17条　内閣総理大臣は、情報通信技術の効果的な活用のための規制の見直しを推進するため、**情報通信技術に関する情報であって当該見直しに資するもの**について、インターネットの利用その他の方法により随時公表するものとする。
2　国の行政機関等は、情報通信技術の効果的な活用のための規制の見直しの検討に当たっては、前項の規定により公表された情報を活用するよう努めなければならない。

　これまでの規制改革の取組では、デジタル技術の活用を阻害する規制に対する民間事業者からの要望等を踏まえて、法令を所管する各省庁において、デジタル技術の活用の可否や規制の見直しの要否などの検討が進められてきましたが、今後は、規制の見直し等に活用できるデジタル技術をデジタル庁がテクノロジーマップなどの形で予め示すことで、各省庁はこの情報を活用して効率的に検討を進めることができるようになります。また、既に出来上がっている法令の定めについてだけでなく、新たな法令での規制を検討する際にも、各種の規制と活用できるデジタル技術の対応等を示したテクノロジーマップの活用が可能となります。

　こうした新たな仕組みによって、社会のデジタル化に対応した様々な法整備が、今後、より一層進展していくことが期待されます。

索引

著者紹介

楠目 聖（くすめ　あきら）

デジタル庁デジタル臨時行政調査会事務局企画官
執筆担当章：序章、1章、3章（1節、7～10節）、4章、5章

東京都出身
1996 年 3 月　東京大学法学部 卒業
1996 年 4 月　文部省（現：文部科学省）に入省し、官房政策課、青少年教育課、警察庁少年課等で勤務。
2006 年 4 月　徳島県教育委員会学校政策課長に就任。その後、同教委教育総務課長、文科省民間教育事業振興室長、学力調査室長等として勤務。
2022 年 1 月　デジタル庁デジタル臨時行政調査会事務局企画官に就任（現職）。

1996 年文部省（現文部科学省）入省後、官房政策課、徳島県教育委員会学校政策課長、文科省民間教育事業振興室長、学力調査室長、放送大学学園参事役等を経て、現職まで、様々な立場でデジタル化に関する施策の推進やルールの整備に取り組んできている。

亀山 大樹（かめやま　ひろき）

デジタル庁デジタル臨時行政調査会事務局参事官補佐・弁護士
執筆担当章：2章、3章（2～6節）

神奈川県出身
2008 年 3 月　早稲田大学法学部 卒業
2011 年 3 月　早稲田大学大学院法務研究科 修了
2013 年 12 月　最高裁判所司法研修所 修了。弁護士法人法律事務所オーセンス（現・弁護士法人 Authense 法律事務所）に入所。
2022 年 8 月　特定任期付職員としてデジタル庁入庁、調達支援・改革担当及びデジタル臨時行政調査会事務局参事官補佐（現職）。

綿密な立証活動と粘り強い交渉を信条に、不動産法務から IT 分野における法律問題の解決まで幅広く経験。デジタル庁では、より参入しやすく質の高い政府調達の実現に向けた調達制度・運用の見直し、デジタル社会の実現に向けたアナログ規制の一括見直し等に取り組んでいる。

※本書の内容は、著者の所属する組織の見解等を示したものではありません。

カバーデザイン・イラスト　mammoth.

デジタル関係法のツボとコツが
ゼッタイにわかる本

発行日	2023年 9月25日	第1版第1刷

著　者　楠目　聖／亀山　大樹

発行者　斉藤　和邦
発行所　株式会社　秀和システム
　　　　〒135-0016
　　　　東京都江東区東陽2-4-2　新宮ビル2F
　　　　Tel 03-6264-3105（販売）Fax 03-6264-3094
印刷所　三松堂印刷株式会社　　　Printed in Japan

ISBN978-4-7980-7030-8 C2032